# LES MYSTÈRES

DU

# MONT-DE-PIÉTÉ

PAR

## ERNEST CAPENDU.

7

PARIS

ALEXANDRE CADOT, ÉDITEUR

37, RUE SERPENTE, 37.

# LES MYSTÈRES
# DU MONT-DE-PIÉTÉ.

# OUVRAGES D'ERNEST CAPENDU.

—




Imprimerie de E. Dépée, à Sceaux.

# LES MYSTÈRES

DU

# MONT-DE-PIÉTÉ

PAR

## ERNEST CAPENDU.

7

PARIS

ALEXANDRE CADOT, ÉDITEUR

37, RUE SERPENTE, 37.

1861

LES MYSTÈRES

# PHILIPPE-LE-BEL

PARIS

# MYSTÈRES DU MONT-DE-PIÉTÉ.

***

## *Quatrième partie.*

***

## LE FOU.

[illegible]

[illegible]

[illegible]

[illegible]

1906

# I

## Les voisins de campagne.

Dans un joli salon de campagne, des fenêtres duquel on apercevait les charmants
coteaux de Belle-Vue, avait lieu, entre deux
individus d'âge et de sexe différents, une
conversation des plus animées.

(Ceci se passait vers le milieu de juillet,

c'est-à-dire deux semaines environ après le jour où avaient eu lieu les événements que nous avons racontés dans la troisième partie de cette histoire.)

L'un des personnages dont nous venons de parler, était une jeune fille d'une vingtaine d'années, haute en couleur, fraîche et joufflue, et dont l'animation extrême du teint dénotait, pour le moment, une colère voisine des larmes.

Ses gros bras rouges sortaient des manches de toile d'une chemise serrée autour du col par une coulisse à demi cachée sous les plis d'un foulard jaune noué sur les épaules.

Un tablier blanc retombait sur sa jupe de laine à larges raies, laquelle jupe, taillée fort court, mettait en évidence deux gros pieds solidement attachés à une paire de jambes que n'eût pas désavouées l'Hercule à l'Enfant.

Cette jeune fille, qui se nommait Charlotte, n'avait pas d'emploi tranché dans le service de la maison où nous venons de transporter le lecteur.

Prêtant tour à tour l'aide de ses bras vigoureux au jardinier pour tirer du puits l'eau nécessaire à l'arrosage, à la cuisinière pour laver la vaisselle et à Justin, le valet de chambre, pour faire les gros ouvrages, elle tenait à la fois de la fille de cuisine, de l'aide-jardinier et du frotteur, — ajoutons même du concierge, car c'était à Charlottè que revenait le soin d'ouvrir la grille l'été, et de garder la maison l'hiver.

Charlotte, dont l'extérieur indiquait la

fille de campagne, pure du moindre alliage parisien, possédait cette niaiserie hypocrite qui distingue à un si haut degré le paysan de l'ancienne Ile-de-France.

Rouge de colère et les yeux pleins de larmes, elle se tenait droite, roulant dans ses doigts épais les cordons de son tablier, et s'efforçait de donner à sa physionomie une expression de bêtise innocente, que démentaient de temps à autre ses regards lancés rapidement en dessous vers son interlocuteur.

Celui-ci était un homme de taille moyenne, d'un embonpoint assez prononcé, aux cheveux et aux favoris d'un noir admirable, mis avec une recherche excessive, et qui paraissait avoir dépassé la quarantaine de quelques années seulement.

Nous disons : *qui paraissait*, et c'est avec
intention que nous avons placé là cette expression dubitative, car, en accordant quelques secondes d'examen à ce précieux personnage, on reconnaissait tout de suite
qu'en lui donnant quarante-cinq ans, on
demeurait son débiteur d'au moins dix bonnes années.

Le reflet de sa chevelure noire avait effectivement quelque chose d'équivoque, qui
pouvait faire supposer, à bon droit, une
jeunesse artificielle, tandis que ses favoris
se tenaient raidis par la teinture à laquelle
ils devaient leur nuance magnifique.

Les boucles des cheveux ramenées sa-
vamment sur les tempes, dissimulaient mal
les rides triangulaires nommées : la patte
d'oie.

Une ceinture comprimait bien certainement l'abdomen qui, sans ce vigoureux sou-
tien, eût pris sans doute des proportions
démesurées.

La fraîcheur étincelante d'une toilette
d'été, en coutil blanc à petites raies lilas,
contribuait encore à faire illusion au premier abord.

Ajoutons un panama qui ombrageait la
tête, un pince-nez en écaille, une énorme
bague chevalière, passée au petit doigt de
la main gauche, et le lecteur aura le portrait complet de cet individu, dont la physionomie, ordinairement débonnaire, était
animée ce jour-là par une violente colère.

— Vous entendez bien, Charlotte ! —
criait-il en se dressant sur la pointe des pieds
pour donner plus de majesté à sa taille, —

vous entendez bien, Charlotte ! Je vous chasse !

— Me chasser? Et pourquoi donc? — répondait la grosse fille en cherchant à retenir les larmes qui, en dépit de ses efforts, inondaient son frais visage. — Qu'est-ce que j'ai donc fait pour qu'on me mette à la porte.

— Vous avez fait des mensonges, comme toujours !

— Des mensonges?

— Oui ! des mensonges.

— C'est-il Dieu possible ! M'accuser de menteries !

— Je vous accuse avec raison.

— Mais, monsieur...

— Pourquoi m'avez-vous dit que ma femme était sortie à une heure, quand

Pierre, le jardinier, m'apprend qu'elle est partie avec la voiture ce matin à neuf heures et demie?

— Mais... monsieur... — balbutia encore la pauvre Charlotte en sanglotant.

— Il n'y a pas de : *mais monsieur*! Répondez?

— J'ai pas fait attention à l'heure où madame est partie, moi!

— Il fallait me le dire avant de répondre.

— Je ne savais pas mal faire.

— Enfin! je veux que l'on me dise toujours la vérité et comme vous avez menti, je vous chasse.

— Madame me défendra! — murmura Charlotte.

— Comment! madame vous défendra!— s'écria l'irrascible personnage dont cette assertion intempestive redoubla la colère.

« Comment ! madame vous défendra ?—
L'on me compte donc pour un zéro chez
moi ?

« Sachez que quand je dis une chose,
cette chose s'exécute toujours, et comme
je me nomme Alfred-Oscar Chevalet, vous
sortirez d'ici aujourd'hui même !

— On ne renvoie pas les gens comme ça !
Encore faut-il leur donner les huit jours.

— Je vous les payerai vos huit jours !

— Ah Dieu ! que je suis donc malheureuse ! si j'avais su que ça fasse tant de
plaisir à monsieur, je lui aurais dit que madame était partie ce matin. Madame ne m'a
jamais défendu de dire à monsieur quand
elle sortait.

— Parbleu ! il ne manquerait plus que cela ! .

— Oh ! monsieur le sait bien. Puisqu'une fois qu'il faisait une scène à madame pour être sortie sans le lui dire, elle lui a répondu qu'elle se moquait bien de...

— Il ne s'agit pas de ce que dit ma femme ! — interrompit vivement M. Chevalet. — Allez faire vos paquets !

—C'est bon ! j'y vais,—répondit Charlotte en sortant et en ne cherchant plus à étouffer ses sanglots. — J'en ai assez de cette maison ! monsieur crie toujours.

— Insolente ! — murmura M. Chevalet en se voyant seul. —Trois heures et demie passées ! — continua-t-il en s'arrêtant devant la pendule placée sur la cheminée, — mais qu'est-ce que Lucile peut avoir eu à faire aujourd'hui encore à Paris, quand elle y est allée deux fois déjà, cette semaine?

Et M. Chevalet se mit à marcher rapidement dans le salon, qu'il arpenta deux fois consécutives dans toute sa longueur.

— Encore quelques visites à ses sœurs, je le jurerais, — dit-il en se croisant les bras et en prenant une pose napoléonienne.

— Ah! la damnée famille!

« Mais cela ne se passera pas ainsi.

« Je suis fatigué, à la fin, d'avoir pris une femme pour ne l'avoir jamais auprès de moi.

« Elle ne vient me trouver que quand il s'agit de solder un mémoire de modiste ou de couturière!

« Oh! si j'avais su... si j'avais su!....

comme j'aurais conservé mon indépendance de garçon !

« Mais aussi est-ce que j'aurais jamais pu prévoir... »

M. Chevalet n'acheva pas.

La porte s'ouvrit brusquement, et une femme de cinquante ans environ, petite, courte, épaisse, chez laquelle la graisse débordait de toute part, portant la tête dans les épaules, les épaules dans la poitrine et la poitrine dans l'estomac, fit une entrée bruyante dans le salon.

Cette volumineuse personne était revêtue d'un costume de pensionnaire de théâtre.

Une jupe de mousseline blanche, un corsage de tulle blanc tout constellé de rubans roses, un tablier à volants également roses, des mitaines longues en soie noire faisaient

ressortir encore les tons criards de sa figure
et l'épaisseur de sa taille.

— Bonjour, mon voisin, — fit-elle d'une
petite voix de tête comparable aux notes
aiguës d'un ténor enrhumé.

— Madame Bizouard, — j'ai bien l'honneur de vous saluer, — répondit Chevalet
en s'inclinant.

— Est-ce que vous êtes seul?

— Mais, comme vous voyez.

Et Chevalet jeta autour de lui un regard
désolé.

— Comment ! Lucile n'est pas encore re-
venue ?

— Pas encore.

— Ah ! cela me contrarie.

— Savez-vous à quelle heure ma femme

est partie ? — demanda le pauvre mari en affectant un air d'indifférence.

— Mais, vers huit ou neuf heures, je crois.

— Elle allait à Paris ?

— Mais sans doute. — Je l'avais même chargée d'une commission, et je venais voir si elle l'avait accomplie.

— Mais à propos, — continua madame Bizouard en s'asseyant sur un canapé qui craqua péniblement sous le poids. — A propos, mon cher voisin, vous ne m'avez pas demandé des nouvelles de mon malade.

— Mille pardons, chère madame, — répondit Chevalet en s'asseyant à son tour en face de son interlocutrice, — mille pardons. J'ai la cervelle un peu préoccupée. — Mais comment va-t-il ce bon jeune homme ?

— Bien, très-bien. — Les forces reviennent peu à peu, la blessure est tout à fait cicatrisée, et ce matin il a pu faire seul plusieurs tours de jardin.

— Vous m'en voyez ravi, — dit Chevalet qui pensait à sa femme.

— Ah ! — continua madame Bizouard sans se soucier de l'inattention de son voisin, — il peut se vanter de l'avoir échappé belle, le pauvre garçon, et je puis bien dire que je lui ai sauvé la vie. — Voyez-vous, mon cher monsieur, cela ne me sortira jamais de la mémoire, je le vois toujours là, étendu à mes pieds, comme je vous vois, vous, assis sur cette chaise.

— C'est ma foi, vrai ! sans vous, il ne vivrait plus aujourd'hui.

— C'est comme vous me faites l'honneur de me le dire.

— Et connaissez-vous maintenant les causes qui l'avaient conduit à attenter à ses jours ? — demanda Chevalet en essayant de paraître s'intéresser à la conversation.

— Je les connais toutes. Son domestique, vous savez, ce pauvre homme qui est arrivé le lendemain et qui a tant pleuré, m'a fait toutes les confidences de son maître.

Le vicomte s'est follement ruiné, paraît-il, et il ne voulait pas survivre à l'anéantissement de sa fortune. Une fois déjà il avait tenté de se suicider sans pouvoir y réussir.

Cette fois encore il avait recommencé.

Il y a là dedans aussi une histoire de

vieux soldat qui est bien intéressante et puis deux petites ouvrières...

Ah! j'en ai pleuré toutes les larmes de mon corps.

Enfin! il est sauvé et tout cela n'empêche pas qu'aujourd'hui, je suis certaine qu'il ne regrette pas d'en être revenu.

Et pourtant, si, le jour et à l'heure de son attentat, je ne m'étais pas promenée sur la route, tout était dit.

Pauvre enfant! quel spectacle! C'était af-freux à voir et j'en ai rêvé au moins huit jours de suite!

— Cela a dû vous déranger énormément de l'avoir gardé aussi longtemps?

— Mais non. Je soigne très-bien les ma-lades, moi. D'abord, vous savez combien je

suis sensible, je ne puis voir un chien souffrir, à plus forte raison un homme.

— Et va-t-il bientôt vous quitter?

— Mon Dieu! je ne sais pas trop... cela
dépend des circonstances, — répondit madame Bizouard en baissant modestement les
yeux.

— Quatre heures passées et Lucile ne revient pas! — s'écria Chevalet en se levant
vivement.

— Quatre heures passées, — répéta madame Bizouard. — Allons, je rentre chez
moi; seulement je compte sur vous, pour
avoir l'obligeance de me faire prévenir dès
que votre femme sera de retour. Il s'agit
d'un petit secret entre nous. — Au revoir,
mon voisin.

— Au revoir, chère madame, — répondit

Chevalet en faisant quelques pas pour reconduire son interlocutrice.

Madame Bizouard l'arrêta du geste.

— Restez, — dit-elle vivement, — restez donc. A la campagne on agit sans cérémonies, et si vous en faites, je me fâche.

Et madame Bizouard, arrondissant gracieusement le bras pour jeter un dernier adieu à son voisin, s'élança pimpante et vive hors du salon, en laissant derrière elle une longue et odorante traînée de patchouli.

M. Chevalet, demeuré seul, poussa un soupir de satisfaction.

— Vieille folle ! — murmura-t-il. — Je croyais qu'elle ne partirait jamais.

Et ma femme qui ne rentre pas !

Ma parole d'honneur ! je ne comprends

plus rien à sa conduite, et si j'étais moins certain de la pureté de ses mœurs, je croirais, Dieu me pardonne, que madame Chevalet...

Mais non ! — continua-t-il en s'interrompant. — Lucile a mauvaise tête, mais c'est la vertu même.

Elle m'adore, je le sais, et si ce n'était cette épouvantable famille qui l'attire et l'éloigne de son ménage, nous n'aurions jamais un mot ensemble !

Ah ! l'on a bien crié après les belles-mères, mais si on savait ce que c'est que les belles-sœurs !... »

En ce moment, le mouvement rapide d'une voiture retentit sur la route de Sèvres à Versailles, sur le bord de laquelle était située la maison de campagne de M. Che-valet.

— C'est ma femme ! — s'écria celui-ci en s'élançant en avant.

Puis, comme il allait se diriger vers la porte, il s'arrêta en murmurant :

— De la dignité ! Je vais l'attendre ici, et nous verrons !

# II

## Une querelle de ménage.

Une calèche élégante venait effectivement
de franchir la grille servant d'entrée prin-
cipale et, après avoir décrit un demi-cercle
autour d'une corbeille de fleurs placée au
centre de la cour, elle s'arrêta devant un
perron garni de grenadiers en caisse.

Deux jeunes femmes sautèrent légèrement sur le sable.

L'une, petite, mignonne, vive, admirablement prise dans sa taille, au pied et à la main élégants, aux longs cheveux bruns, au teint frais, aux grands yeux bleus foncés, était madame Lucile Chevalet, si impatiemment attendue par son mari.

Elle pouvait avoir vingt-cinq à vingt-six ans.

Sa mise simple, mais d'une élégance parfaite, consistait dans une robe de mousseline blanche brodée, dans un petit chapeau de paille de riz orné d'un large ruban mauve, et dans un châle de dentelles noires drapé négligemment sur ses épaules rondes.

Sa compagne, vêtue d'une robe de soie à petits carreaux roses et blancs et ornée de deux roues écossaises, la tête à peine couverte par un petit chapeau formé de rubans entrelacés, s'enveloppait dans un léger cachemire aux larges raies soyeuses.

De même âge à peu près que Lucile, elle était également de taille moyenne.

Ses yeux noirs, ses sourcils finement arqués, son teint légèrement bistré, sa bouche vermeille et sa chevelure d'ébène, lui donnaient un aspect méridional que ne démentait pas la vivacité excessive de ses mouvements.

— Où donc est Charlotte? — demanda madame Chevalet en regardant autour d'elle.

— Me voici, — madame, — répondit la jeune paysanne en s'essuyant les yeux.

— Vous pleurez, Charlotte? Pourquoi

donc? — dit vivement la compagne de Lucile.

— Je pleure, parce que monsieur m'a
chassée !

— Mon mari vous a renvoyée? — dit madame Chevalet.

— Oui, madame.

Et Charlotte se prit de nouveau à pleurer
avec un redoublement de soupirs et de sanglots.

— Pourquoi cela? — demanda encore
madame Chevalet. — Pourquoi vous a-t-il
chassée?

— Parce que j'ait dit que madame était
partie pour Paris à une heure.

Lucile haussa les épaules.

— Ne pleurez plus, — dit-elle. — Vous
resterez ici. — J'arrangerai cela. En atten-

dant, conduisez madame de Rivay dans sa chambre et dites à Marie de faire le dîner pour six heures.

— Oui, madame.

En ce moment, madame Bizouard, qui, elle aussi, avait entendu l'arrivée de la calèche, et était restée dans la salle à manger, fit irruption dans le vestibule.

— Eh ! bonjour, ma mignonne, — s'écriat-elle en embrassant Lucile. — Ah ! madame de Rivay. Vous venez passer quelques jours auprès de nous. C'est bien aimable cela.

— J'ai fait votre commission, — dit madame Chevalet en baissant un peu la voix.

— Vous avez été chez mon notaire ?

— Oui.

— Et qu'a-t-il dit ?

— Qu'il vous apporterait la réponse demain matin, lui-même.

— Très-bien !

— Vous venez toujours dîner avec nous aujourd'hui, ainsi que M. de Launay ?

— Mais... je ne sais trop...—dit madame Bizouard.

— Pourquoi donc ?

— C'est que nous ne sommes pas seuls, le vicomte a reçu une visite, et...

— Eh bien ! amenez-nous cette personne.

— Vous l'exigez ?

— Tout à fait.

— Alors, je vous présenterai M. Charles de Rueil. — Au revoir, je vais rejoindre ces messieurs.

— A six heures, n'est-ce pas ?

— A six heures ! — répéta madame Bizouard en saluant gracieusement les deux jeunes femmes et en se dirigeant vers le jardin.

— Lucile ! — dit madame de Rivay en suivant des yeux madame Bizouard. — Lucile, ton mari t'attend, mais dès que tu en auras fini avec la scène qu'il va sans doute te faire, tu monteras ; j'ai à te parler.

— A quel propos ? — demanda curieusement Lucile.

— A propos de ceci, que tu as laissé tomber, en descendant de voiture, — répondit madame de Rivay, en montrant à Lucile un mignon papier plié délicatement et d'un volume tellement exigu qu'il pouvait aisément passer par l'étroite ouverture d'un gant.

Lucile eut à peine jeté les yeux sur ce papier qu'elle devint rouge comme une grenade en fleur.

— Hortense... —balbutia-t-elle,—rends-moi cela !

— Je te le donnerai là-haut ! — répondit la jeune femme en s'élançant, gracieuse et légère, sur les premières marches de l'escalier, qu'elle franchit rapidement et au haut duquel l'attendait Charlotte.

Lucile demeura un moment immobile, paraissant en proie à une vive émotion.

Puis la tranquillité se montra peu à peu sur son charmant visage.

Elle fit un geste de résolution, quitta le vestibule, traversa la salle à manger et pénétra en souriant dans le salon où l'attendait son mari qui, cramoisi de colère, s'efforçait de conserver une dignité froide.

— Bonjour, mon ami, — dit madame Chevalet en ouvrant la porte.

— Ah ! vous voilà, madame ! — s'écria
l'époux en prenant une pose tragique.

— Eh bien ! oui, me voilà !

— Enfin !

— Comment, enfin ! Est-ce que vous auriez pensé que je ne reviendrais pas ? — dit
Lucile tout en dénouant, devant une glace,
les brides de son chapeau.

— Je ne plaisante pas, madame, — répondit majestueusement M. Chevalet.

— Mon Dieu ! ni moi non plus, mon ami,
mais qu'avez-vous donc ? vous semblez un
peu contrarié ?

— Ce que j'ai, madame ? j'ai que je trouve
étrange, étonnant, peu convenable que vous

soyez partie pour Paris ce matin sans me prévenir.

— Et comment aurai-je pu vous prévenir. Vous étiez vous-même à Paris depuis hier et vous n'êtes revenu ici qu'après mon départ.

— Il fallait m'attendre, madame.

Lucile regarda fixement son mari, haussa les épaules, détacha les épingles qui retenaient son châle et le jeta sur un divan.

— Madame! — s'écria M. Chevalet offensé par cette pantomime dédaigneuse.

— Voyons, Oscar, parlons raison, — dit la jeune femme en revenant vers son mari, — vous êtes en colère après moi parce que j'ai été à Paris aujourd'hui ?

— Sans doute, madame, et je crois avoir raison.

— Eh bien ! vous vous trompez. Vous avez

tort, et voulez-vous que je vous le dise? Vous êtes ridicule.

— Moi ?

— Oui, vous !

— Madame! cette expression...

— Rend admirablement ma pensée. — A quel propos vous fâchez-vous parce qu'il me plaît d'aller à Paris? Suis-je une petite fille en tutelle? Avez-vous quelque chose à me reprocher?...

— Je ne dis pas cela...

— Eh bien, alors, que signifie la scène que vous me faites?

— Elle signifie que je suis fatigué de vos absences perpétuelles. Vous ne pouvez rester deux jours de suite à la maison. Vous êtes sans cesse par voie et par chemin...

— Encore une fois, fais-je mal ?

— J'aime à ne pas le supposer, madame, si cela arrivait...

— Eh ! si cela arrivait, il serait temps de crier alors !

— Madame Chevalet !

— Ah ! j'en suis fâchée, mais vous m'impatientez avec vos criailleries perpétuelles. Je ne me suis pas mariée pour être tenue en esclave, et être rivée dans une chambre. — J'aime le grand air et la liberté. Je veux aller et venir à ma guise, et comme je ne fais que ce que je dois faire, j'entends que vous soyez de meilleure humeur.

— Mais enfin quel besoin aviez-vous d'aller ce matin à Paris ? Qu'y avez-vous fait ?

— J'ai été voir ma sœur.

— Laquelle ?

— Eh bien ! ma sœur ! vous n'ignorez pas

que lorsque je dis ma sœur, je veux désigner Emma, notre aînée à toutes. C'est une habitude de famille.

— Sortir aussi est une habitude de famille, à laquelle vos sœurs ne manquent pas. — Vos sœurs !—vos sœurs !—répéta M. Chevalet avec aigreur, — je n'ai pas épousé une femme pour qu'elle passe son temps auprès de ses sœurs !

— Et moi, je ne me suis pas mariée pour avoir un mari bougon et insupportable !

— Oh ! si j'avais connu votre famille, madame !

— Et moi, monsieur, si j'avais connu vos défauts et vos rhumatismes !

— Si j'avais des rhumatismes, madame, j'avais quarante mille livres de rente et vous n'aviez rien.

— Si je n'avais rien, monsieur, — s'écria Lucile blessée dans son orgueil, — vous aviez cinquante ans et j'en avais vingt.

— Madame ! madame !

— Ah !... vous avez peur que l'on nous entende, parce que votre manie est de vous rajeunir, n'est-ce pas ? — continua madame Chevalet que la colère avait gagnée peu à peu.

Mais je puis crier à mon aise, moi.

Je ne crains pas qu'on m'entende, moi, — je n'ai pas le ridicule de me teindre les cheveux, moi !

— Madame ! Lucile ! ma bonne amie ! — murmurait piteusement le pauvre mari en essayant, mais en vain, d'imposer silence à sa femme qu'il ne parvint même pas à interrompre.

— Ah! vous me reprochez votre fortune.
Ah! vous me faites sentir que je n'étais pas
riche...

— Mais... ma chère amie!..

— Eh bien! sachez une chose, monsieur!
c'est que, quels que soient mes défauts, c'est
que, quelque minime qu'ait été ma dot, un
homme de votre âge et de votre caractère
est encore trop heureux d'avoir une femme
jeune et gentille comme je le suis! enten-
dez-vous?

Et madame Chevalet foudroyant son mari
par un regard dédaigneux, saisit son châle
qu'elle jeta sur son bras et prenant son chapeau de l'autre main, fit un mouvement pour
sortir.

— Lucile! tu ne m'as pas compris, — dit

M. Chevalet en cherchant, mais en vain, à
la retenir.

— Laissez-moi !

— J'ai peut-être été un peu vif. Écoute-
moi !

— Je n'écoute rien.

— Cependant..,

— Je monte dans ma chambre expliquer
à Hortense la cause de ces cris qu'elle doit
avoir entendus.

— Madame de Rivay est ici ? s'écria
M. Chevalet.

— Oui, monsieur. Nous sommes revenues
ensemble.

— Vous étiez donc allée la chercher ?

— Sans doute.

— Pourquoi ne me l'avoir pas dit ?

— Est-ce qu'il y a moyen de placer un mot, vous criez toujours !

— Lucile, j'ai eu tort. — Pardonne-moi, veux-tu ?

— Non pas, monsieur ! Vous m'avez blessée... Vous m'avez reproché votre fortune.

— Puisque je te dis que j'ai eu tort.

— Cela ne suffit pas !

— Eh bien ! voyons ! tu as toujours eu envie d'un cachemire carré...

— Croyez-vous donc que je vende mon pardon ? — répondit Lucile avec dignité.

— Je ne dis pas cela, ma bonne amie, mais je te demande seulement si ce cadeau te serait agréable.

— Ce qui me serait agréable, monsieur, ce serait que vous fussiez moins emporté et que vous me fissiez moins sentir ma position..,

— Lucile !...

— Maintenant, monsieur, je vous prie de me laisser. J'ai besoin d'être seule avec une amie véritable pour m'efforcer d'oublier vos impertinences.

Et madame Chevalet, passant fièrement devant son époux devenu humble et soumis, traversa majestueusement le salon.

Quant à son mari, il fit le geste de s'essuyer le front, mais une réflexion le retenant à temps, il put conserver dans toute leur fraîcheur, les charmantes veines bleuâtres et le teint blanc que cette partie de son visage empruntait chaque matin aux procédés d'un parfumeur à la mode.

§

— Bah ! la scène est déjà faite ? — demanda en riant madame de Rivay en voyant Lucile entrer dans sa chambre. — On voit bien que la curiosité te poussait...

— Ne plaisante pas, Hortense, — répondit Lucile, — je ne suis pas d'humeur à rire.

— Comment ? Est-ce que ton mari ?

— Oh ! il ne s'agit pas de lui.

— J'entends ! Tu fais allusion à ma trouvaille. Vois, pauvre amie, où peut conduire une imprudence ? Si toute autre que moi avait trouvé ce billet signé Georges de Launay... que serait-il arrivé ?

— Peut-être eût-il mieux valu que mon mari lui-même le trouvât !

— Que dis-tu donc? — s'écria Hortense.

— Je dis, — répondit Lucile en regardant son amie avec des yeux pleins d'éclairs, — je dis que je suis lasse de l'existence que je mène, je dis que mon mari me déplaît et que je suis bien malheureuse.

— Pauvre enfant! Tu l'aimes donc? — demanda madame de Rivay en lui indiquant du doigt une fenêtre de la chambre de laquelle on découvrait le jardin de madame Bizouard.

Lucile, au lieu de répondre, baissa la tête et se jeta en sanglotant dans les bras de sa jeune amie.

# III

## La confidence.

La propriété de madame Eudoxie Bizouard
et celle de M. Oscar Chevalet n'étaient sé-
parées l'une de l'autre que par un mur mi-
toyen.

Une petite porte à double serrure et cachée sous des touffes de lilas, faisait même

communiquer ensemble les deux potagers.

Cependant, la propriété de madame Bizouard possédait une étendue de terrain plus vaste que celle d'Oscar, — ce dont la respectable dame se montrait souvent assez fière, en faisant sonner bien haut à l'oreille de M. Chevalet un petit bois frais et touffu, situé à l'extrémité du jardin, à la hauteur même où s'arrêtait le mur de clôture de la maison voisine.

C'est dans ce petit bois que nous allons conduire le lecteur.

Tandis que M. Chevalet se creusait la tête pour trouver un moyen de ramener dans son ménage le calme qu'il avait troublé, — tandis que Lucile faisait à son amie, une de ces confidences féminines dont le secret nous sera bientôt dévoilé, et que madame

Bizouard, — appelant à son aide ses deux femmes de chambre, — essayait d'introduire sa volumineuse personne dans une robe de soie de couleur vert tendre, garnie d'un assortiment complet de passementeries, — deux jeunes gens, assis au fond du petit bois, devisaient amicalement, tout en fumant force cigares.

L'un d'eux, soigneusement établi dans un fauteuil, offrait les signes extérieurs d'une maladie récente en pleine voie de guérison.

Son visage pâle et amaigri, ses mains diaphanes, sa taille pas encore assez forte pour demeurer droite, donnaient à l'ensemble de l'individu un air profondément intéressant.

Ce jeune homme, nos lecteurs le savent, était le vicomte Georges de Launay.

Quant à son compagnon, M. de Rueil, il n'avait changé ni d'aspect, ni de manières.

C'était la première fois que Georges recevait la visite de son ami, qu'il avait fait prévenir la veille par les soins d'Eudoxie.

Aussi Charles se montrait-il intarissable de questions.

— D'après ce que tu me racontes, — disait-il, — cette seconde fois encore, la balle n'a atteint aucun organe essentiel.

— C'est un véritable double miracle, — répondit Georges, — double miracle que je ne puis expliquer que par la direction du pistolet. Il est probable que chaque fois, au moment où je fis feu, je donnai ce qu'en terme de tir on appelle un coup de doigt.

Le canon, au lieu de demeurer droit sur ma poitrine, s'est incliné à gauche, de sorte que la balle, glissant sur les côtes, a accompli littéralement la première fois le tour de mon corps. La seconde fois elle a passé sous l'épaule, sans même effleurer le poumon, elle est allée se loger près de la colonne vertébrale. C'est là, du moins, ce qu'a supposé le chirurgien qui m'a soigné.

— Tu as dû ressentir une douleur atroce ?

— Non. Chaque fois la sensation a été la même. J'ai éprouvé un choc violent et je suis tombé évanoui. La première fois Lucien m'a sauvé. Lorsque je suis revenu à moi, lors de ma seconde tentative avortée, j'étais couché dans un lit, et un premier appareil avait été déjà posé sur ma blessure.

— Et c'est madame Bizouard qui, cette fois, t'a trouvé étendu sur le sol ?

— Oui, comme Lucien m'y avait trouvé jadis.

Elle se promenait, m'a-t-elle raconté depuis, lorsque la détonation du pistolet l'a effrayée. Ne sachant ce que ce pouvait être, elle a appelé deux paysans qui travaillaient dans les environs et les a fait pénétrer dans le bois. Ils m'ont trouvé sans connaissance, ayant perdu beaucoup de sang, et ils m'ont transporté ici.

— C'est une femme charmante, que cette madame Bizouard !

— Le fait est qu'elle m'a prodigué depuis ce moment les soins les plus empressés. Joseph, qui est arrivé ici le lendemain, prévenu par elle, m'a répété cent fois qu'elle s'était montrée attentive et dévouée comme une véritable sœur de charité.

—Enfin, te voilà guéri.

— A peu près.

— Et que comptes-tu faire?

— Ma foi ! je n'en sais rien. Mais ce que je sais bien, c'est que si je tente de me tuer une troisième fois, comme cela est plus que probable, ce ne sera plus dans le bois de Ville-d'Avray. Je commence à croire que le suicide y est impossible à accomplir.

Charles regarda fixement son ami.

—Parles-tu sérieusement? — dit-il.

— Très-sérieusement, — répondit Georges.

—Tu tenteras encore de te tuer?

— Très-certainement.

Charles détourna la tête.

— Oui, — poursuivit le vicomte, —je sais ce que tu penses. Tu te demandes pour-

quoi, avec la ferme résolution que je mani-
feste d'en finir avec la vie, je me laisse rappeler à elle? Que veux-tu? lorsque je me
vois entouré de gens dévoués comme le père
Bernard, comme sa fille, comme ces deux
charmantes grisettes qui m'ont soigné jadis,
comme cette excellente madame Bizouard,
qui me soigne aujourd'hui, lorsque je vois
près de moi des amis sincères comme toi et
Lucien, je me reprends à me rattacher à
l'existence...

— Eh bien! — vis donc alors!

— Bah! — cela est impossible!

— Pourquoi?

Georges secoua la tête sans répondre.

— Je voudrais vivre, — dit-il enfin, —
voilà ce qui explique mes moments de fai-

blesse, mais il faut que je meure... le destin
le veut !

— Pourquoi ? — dit encore Charles, —
parce que tu es ruiné ?

— Non !

— Parce que tu es seul au monde ?

— Non !

— Parce que tu ne te sens pas le courage
de travailler ?

Georges se leva, — parcourant la pièce,
— puis, — revenant vivement auprès de
Charles :

— Parce que, — dit-il, — il y a dans le
passé une horrible histoire qui exige que je
meure aujourd'hui. — Il faut que je meure
si je veux que d'autres vivent. — Il faut que
je meure si je veux que des infâmes soient
punis de leurs crimes.

«Tu ne me comprends pas?

« Tu me regardes en te demandant si je
deviens fou?

« Non! j'ai toute ma raison... »

— Parle donc, alors, — s'écria Charles,
— que signifient ces paroles?...

— Elles signifient qu'il y a des êtres
voués au malheur, comme d'autres le sont
au bonheur, et que, — moi, — je suis des
premiers.

— Comment?

— Tu veux tout savoir?

— Oui, — dit Charles vivement.

— Me jures-tu de respecter ma confidence?

— Je te le jure.

— Eh bien! — dit Georges, — je vais
tout t'apprendre! — D'ailleurs ce secret que

je porte est tellement lourd qu'il m'écrase,
— tu m'aideras à en braver le poids et quand
tu sauras tout, tu me diras toi-même si je
dois vivre ou mourir.

— Parle donc !

Georges se leva, se dirigeant vers un meuble qu'il ouvrit et dont il tira une liasse de
papiers salis, maculés de taches d'encre et
tout couverts d'une écriture fine, serrée et
régulière.

— Connais-tu le MONT-DE-PIETÉ? — demanda brusquement Georges, en revenant
près de son ami.

— Mais oui, — de réputation, — répondit Charles en souriant ; — qu'a donc à faire
le Mont-de-Piété dans l'histoire que tu vas
me raconter?

— Il a à y jouer un grand rôle.

— Le Mont-de-Piété?

— Pas l'institution elle-même, mais ceux qu'elle a fait naître.

— Je ne te comprends pas !

— Écoute ! — Il existe, — je ne sais où, — mais il existe, — j'en suis sûr, — quelque part, un livre qui s'appelle LES MYSTÈRES DU MONT-DE-PIÉTÉ; c'est de ce livre qu'ont été arrachés ces feuillets qui contiennent l'histoire singulière que je vais te lire.

— LES MYSTÈRES DU MONT-DE-PIÉTÉ ! — répéta Charles, — mais le Mont-de-piété n'a pas de mystères.

— Si fait ! — il en a ! — non pas le Mont-de-Piété, l'institution philanthropique, — je le répète, — qui lui n'a aucun mystères, mais à côté du Mont-de-Piété dépendant du gouvernement, et régi honnêtement et loyalement, il existe une sorte de *bande noire* qui s'abrite sous son ombre.

— Encore une fois, — dit Charles, — je ne comprends pas.

— Encore une fois, — tu vas comprendre. Écoute-moi seulement, — écoute-moi attentivement, car l'histoire que je vais te lire est instructive, et peut-être te donnera-t-elle la clef des mystères dont est entourée l'existence d'un autre.

— Quel autre?

— Lambert d'Arcourt!

— Lambert d'Arcourt? — dit Charles de plus en plus surpris.

— Oui.

— Décidément tu m'intrigues.

— Écoute, — reprit Georges, — tu cesseras bientôt d'être intrigué.

Le vicomte, — en parlant ainsi, — attira
un siége, — prit place près de son ami et
ouvrant les feuillets, il commença :

« Dans une des parties les plus voisines
de la vieille Bretagne, il existe un château
nommé le château de Douges.

Ce château, flanqué de quatre tourelles,
dont le toit pointu s'élevait fièrement vers
le ciel, surmonté de ses girouettes que le
vent faisait tourner sans effort, étalait orgueilleusement la masse de ses majestueux
bâtiments. Au centre, et regardant le soleil
levant, une porte large et belle semblait
prête à recevoir la riche escorte des seigneurs voisins, tandis que le pont-levis encore abaissé sur le fossé qui environnait
le château, paraissait attendre la venue de
quelque visiteur attardé.

Un jour, — il y a longtemps de cela, — et comme le soleil disparaissait insensiblement à l'horizon, comme les prairies qui étendaient leur manteau vert sur tout le paysage environnant, étaient plongées déjà dans la demi-teinte d'une poétique obscurité, comme l'air était calme et comme le silence enveloppait dans son voile noir les alentours du château, qui, éclairé encore par les rayons du soleil le caressant d'un dernier baiser, veillait au milieu de son entourage endormi, l'air fut troublé par le bruit du galop de deux chevaux ardents, qui gravissaient lestement le chemin aboutissant au château.

Le pont-levis trembla et rendit sous cet élan impétueux un roulement semblable à celui du tonnerre; chevaux et cavaliers disparurent sous la grande porte et pénétrèrent dans la cour intérieure.

On vit venir de loin une meute de chiens, guidée par deux piqueurs à la livrée des vicomtes de Douges, puis tout cela s'enfourna à son tour dans les profondeurs du château, au milieu des coups de fouet et des hurlements des chiens; enfin, tout ce vacarme confus s'éteignit par degrés, le pont-levis se dressa lentement comme s'il n'eût attendu que la voix de son maître, et le soleil disparut complètement dans un flot de nuages rougeâtres, laissant faire à l'obscurité l'œuvre de ténèbres envahissantes qu'elle avait déjà commencée.

Le premier des deux cavaliers, qui venaient de disparaître dans la cour intérieure, sauta légèrement à terre avant même

que sa monture fût complètement arrêtée,
jeta négligemment la bride au valet qui
l'avait accompagné, et se mit à gravir insou-
cieusement les marches de l'escalier con-
duisant aux appartements.

—Qu'on m'envoie Raymond! dit-il sèche-
ment.

Il entra alors dans une vaste pièce au
milieu de laquelle s'avançait le manteau
d'une énorme cheminée, dont le foyer
éteint, mais garni de fagots entiers, semblait
prêt à tout événement.

Cet homme se laissa tomber dans un
grand fauteuil de chêne sculpté, garni de
cuir de Cordoue comme le reste de l'ameu-
blement. Au sommet du dossier trônait l'é-
cusson du vicomte de Douges : mi-partie
d'azur à trois merlettes d'argent, et de

gueules au lion d'or armé et lampassé de
sable. Ces armoiries, répétées sur chaque
siége, figuraient également sculptées dans
la pierre formant le manteau de la cheminée.

Autour de cette pièce , des bahuts en
chêne sculpté étalaient derrière leurs vi-
tres transparentes, la vaisselle d'argent et
de vermeil, trésor héréditaire de la famille :
on devinait vaguement la présence d'une
femme dans cet intérieur d'une exquise
propreté. L'ordre irréprochable,qui régnait
partout attestait la vigilance d'un œil
exercé.

Le cavalier était vêtu d'un élégant costume
de chasse, il avait rejeté loin de lui sa cape et
il frappait de son fouet les bottes en peau de
daim qui lui entouraient les jambes, et d'où

s'élevait à chaque coup un petit nuage de poussière. Sa longue chevelure noire retombait en boucles épaisses sur son col, ses mains étaient encore gantées, mais trahissaient la pureté de leur race, sa taille souple et bien prise se dessinait merveilleusement sous les habits qui la couvraient.

L'ensemble de sa personne réunissait la grâce, la jeunesse et la force, et l'on se sentait attiré instinctivement au premier abord vers ce type d'élégance et de beauté jusqu'à ce que l'on arrêtât son regard sur l'expression de sa physionomie.

Le baron de Douges eût été un charmant cavalier, si ses traits, naturellement beaux, n'eussent été gâtés par une expression de fierté hautaine mais dénuée de toute majesté.

Son œil noir et vif, légèrement enfoncé sous des sourcils régulièrement arqués, respirait la dureté et ne semblait devoir s'animer qu'au feu des passions. Son regard n'était pas atténué par de longs cils et conservait toute sa crudité. Son nez tombait droit sur une bouche petite dont les lèvres minces étaient ombragées par une moustache retroussée, tandis qu'une royale, noire et bien fournie, se dessinait nettement sur un menton pointu.

Il y avait dans l'ensemble de ce personnage un charme qui attirait et quelque chose qui repoussait en même temps.

Sa grâce, sa désinvolture, l'aisance avec laquelle il portait son costume de chasse, prévenaient en sa faveur, — mais presque aussitôt, la dureté de son regard, — l'astuce et la méchanceté empreintes sur ses lèvres, — l'air dédaigneux qui semblait émaner de tout son être, refoulaient bien loin au fond du cœur les accents secrets d'une sympathie prématurée.

Il se leva avec une certaine impatience, reprit son feutre qu'il avait déposé sur la table ; il allait s'éloigner quand on frappa discrètement à la porte.

Il s'arrêta pour écouter, et il se disposait à continuer son chemin, comme s'il croyait avoir mal entendu, lorsqu'une tête apparut graduellement à travers les deux battants de la porte d'entrée.

Cette tête était celle d'un tout jeune paysan, dont le visage offrait un mélange d'expression méchante et de duplicité difficile à définir.

— Ah c'est toi, Raymond ! — dit le baron revenant sur ses pas.

— Peut-on entrer? — demanda une voix.

— Parbleu ! sais-tu que voilà plus d'un quart d'heure que je t'attends !

— Vous êtes seul? — demanda Raymond.

— Oui.

— En êtes-vous bien sûr ?

— Allons, que veux-tu encore?

— Ah ! j'ai du nouveau !

— Peuh !—fit le baron dédaigneusement.

— Vous paraissez en douter?

— Parle, je le verrai bien.

— Écoutez, monsieur le baron, je ne demande pas mieux que de parler, mais il me faut vingt louis.

— Il te faut...—dit le baron en regardant Raymond.

— Vingt louis ! — répondit celui-ci réso-
lûment.

— Parleras-tu ! dit le baron en prenant
son fouet.

— Frappez ! — répondit Raymond en arrondissant les épaules, frappez !

— Ventre-Saint-Gris ! — fit le baron en
levant le bras.

Pour toute réponse, Raymond tendit le dos.

Le baron rejeta au loin son fouet et s'assit.

— J'ai assez patienté, — dit-il, — tu vas
t'expliquer !

— Oui, pour vingt louis.

— Tu les auras.

— J'aimerais mieux les tenir.

— Ah morbleu ! c'en est trop !

— Monsieur le baron, — dit Raymond, —
je vous jure que vous vous y prenez fort mal !

J'ai dit qu'il me fallait vingt louis. Je le regrette, j'aurais dû en demander cinquante.... Mais comme un honnête homme n'a que sa parole, je m'en tiens à ce que j'ai dit. Seulement, je vous jure que je ne parlerai pas à moins, et vous savez que je souffrirais pour de l'argent toutes les douleurs de la Passion. En outre, je puis vous affirmer que vous ne regretterez pas ce que vous m'aurez donné.

Le baron ne put s'empêcher de sourire en présence du sang-froid audacieux déployé par son valet.

— Allons, parle, — dit-il en lui jetant sa bourse.

— Je savais bien que vous étiez un excellent maître, — dit Raymond en serrant précieusement la bourse.

— Fais vite, j'écoute.

— Voilà, seigneur ! Aujourd'hui, par le plus grand des hasards, je me promenais solitairement dans le parc du château. Vous savez que je n'ai pas les goûts par trop champêtres, j'errais donc sans but, songeant peut-être un peu à cette coquine de Marthe...

— Qu'est-ce que cela, Marthe ?

— Cela, seigneur, c'est la camériste de madame la vicomtesse votre sœur.

— Ah ! c'est parbleu vrai ! continue.

— Lorsqu'il me sembla entendre un murmure de voix sortir du massif où se trouve la statue d'Apollon ; vous savez, à droite, au fond de la grande allée...

— Oui.

— Bien que je ne sois pas curieux de

mon naturel, j'aime assez savoir ce qui se passe autour de moi, je crus surprendre Marthe en train de converser avec quelqu'un de vos valets, et j'écoutai... Ce bruit étouffé me donnait fort à penser, mais jamais je n'aurais supposé que j'allais entendre ce que vos vingt louis vont vous apprendre.

— Mais va donc, bourreau !

— Ainsi fais-je ; cependant, je voudrais que vous me garantissiez auparavant une impassiblité absolue, car je crains fort pour mon dos les fureurs de votre bras.

— Diable ! c'est donc bien sérieux ce que tu as à m'apprendre.

— Je vous ai promis que vous ne regretteriez pas votre argent, vous auriez dû comprendre qu'il s'agissait de quelque chose d'important. La première voix qui frappa mon oreille fut celle d'un homme que vous n'affectionnez pas précisément, si j'en dois juger par les études que j'ai été à même de faire sur votre physionomie.

— Qui donc ?

— Devinez un peu.

— M. d'Escoublac ?

— Vous voyez que je ne m'étais pas trompé.

— C'était lui !

— A n'en pas douter.

— Mais avec qui causait-il ?

— Voilà le point difficile à vous apprendre, et pour lequel je crois devoir vous recommander le plus grand sang-froid.

— Mais ne vois-tu pas que tu me fais mourir d'impatience, — dit le baron dont l'œil s'animait d'un éclat étrange. — Avec qui parlait-il ?

— Je ne voudrais pas manquer au respect que je vous dois, monsieur le baron, et pourtant le dévouement et le zèle que j'ai pour vous, me forcent à vous avouer tout ce que j'ai supris.

— Encore une fois, parle donc !

Le baron s'était levé en prononçant ces derniers mots et avait pris Raymond à la gorge, en même temps qu'il le secouait d'une main nerveuse.

La face de son confident prenait déjà des teintes plus violacées que de coutume, pourtant il eut la force de murmurer :

— Vous m'étranglez ! je ne puis plus ouvrir la bouche !

— Dépêche-toi ! — dit le baron lâchant

sa victime. — Avec qui causait M. d'Escoublac ?

Raymond interrogeait en tremblant le regard étincelant du baron, dont le pied frappait impatiemment le plancher de la salle.

— Avec madame la vicomtesse, — répon-
dit-il.

— Avec ma sœur ?

— Oui, monsieur le baron.

— Et que se disaient-ils ?

— Que sais-je, moi ? Mille paroles d'a-
mour ; je crois même avoir entendu le bruit
d'un baiser...

— Tu mens, coquin !

— Si vous le voulez, monsieur le baron.

— Ensuite ?

— Ensuite, j'ai surpris un rendez-vous
donné pour ce soir.

— A quel endroit?

— A la statue d'Appollon.

— Pour quelle heure?

— Pour onze heures.

— C'est bien ! — dit le baron dont l'œil lançait des éclairs, et dont le visage reflétait les sentiments confus que cette confidence avait provoqués. — Écoute-moi bien ; si tu as menti, maître Raymond, je te jure que je te ferai souffrir mort et passion !

— Et si j'ai dit vrai?

— N'es-tu pas payé déjà?

— Sans doute, mais la récompense n'est point proportionnée à la peine.

— Soit ! tu auras les cinquante louis que tu voulais.

— En ce cas, c'est comme si je les tenais, — s'écria joyeusement Raymond qui se frottait les mains.

Le baron s'éloigna sans répondre à la dernière exclamation de son valet. — Il avait le visage bouleversé, et sa démarche était saccadée comme celle d'un homme dont les nerfs sont surexcités par une émotion violente.

Quant à Raymond, il enleva de sa poche la bourse que le baron venait de lui jeter, il l'ouvrit avec précaution, en tira une à une les pièces d'or qui y étaient enfermées, — puis après les avoir comptées et soupesées, dans le creux de sa large main, il les remit tranquillement dans sa poche, se leva, et s'éloigna en disant :

— Je crois que je commence à faire fortune.

IV


## Frère et sœur.


— Avant d'aller plus loin, — dit Georges
en interrompant sa lecture, — il est essentiel que je te donne certains renseignements
sans lesquels tu ne comprendrais pas ce qui
me reste à te lire.

Il faut donc t'apprendre que la vicomté

de Douges jouissait d'un privilége exceptionnel, et qui n'avait été jadis accordé au
bisaïeul du baron que sur sa demande formelle, et comme « *moult grande récompense*
« *des bons et loyaux services à nous rendus,*
« *par Jean , seigneur de Douges et autres*
« *lieux.*»

Telle était la teneur des lettres-patentes
concédées par le duc de Bretagne, et rati-
fiées par le roi de France.

Voci maintenant quelle était la nature de
ce privilége.

Il était formellement stipulé dans ces let-
tres , que le titre de vicomte de Douges
était reversible sur la tête d'un enfant mâle
né, en légitime mariage, d'une fille de la
maisòn de Douges, et ce, nonobstant qu'il

survînt après elle d'autres héritiers mâles du même lit ou autrement.

De sorte que la fille aînée des seigneurs de Douges pouvait porter le titre de vicomtesse, bien qu'elle ne fût point mariée ; et qu'elle pouvait transmettre le titre à son premier enfant mâle, bien qu'elle eût des frères puînés.

C'était une dérogation formelle au principe de la loi salique, et le cas de cette dérogation était précisément alors celui dans lequel se trouvait la famille.

Lorsque vint à décéder Jean-François, vicomte de Douges, père du baron et de la vicomtesse, il stipula formellement dans son testament que le titre était dévolu à sa fille et à son premier mâle, à l'exclusion de son frère moins âgé qu'elle de deux ans.

Voici maintenant ce qui avait décidé le feu vicomte à se servir de cette faculté, qui n'avait jamais été invoquée jusqu'alors.

Il s'était marié à une femme qu'il adorait, à qui il avait voué un culte plus qu'exceptionnel, et dont il avait eu deux enfants.

Le premier fut une fille qui était le portrait vivant de sa mère, et son père avait reporté sur elle une partie de l'amour qu'il ressentait pour sa femme. Le second était un fils, Henri, dont la naissance coûta la vie à l'épouse entourée de soins et d'amour.

La douleur que le feu vicomte avait éprouvée de cette perte cruelle fut si violente, qu'il prit pour ainsi dire en horreur le pauvre petit être qui en était la cause innocente, et qu'il concentra dès lors sur sa fille toute son affection, afin de remplir, par un autre amour, le vide que le chagrin avait creusé au fond de son cœur.

Le jeune baron avait donc été élevé, pour ainsi dire, en dehors des affections de la famille.

Ignorant des tendres caresses d'une mère, il n'avait pas même été dédommagé par son père de cette privation des soins nécessaires à l'enfance, et s'il avait grandi, c'est que sa constitution était naturellement robuste, et que les exercices violents auxquels il se livra la fortifièrent davantage.

Livré aux soins mercenaires d'un précepteur, celui-ci avait tout fait pour inculquer

à son élève des principes dignes d'un gentilhomme de son nom, mais, soit que le naturel de son pupille fût foncièrement mauvais, soit qu'Henri se fût gâté dans l'abandon
où on le laissait vivre, toujours était-il que
le précepteur perdit son temps.

Lorsqu'il voulait apprendre au jeune baron la vie des grands hommes de Plutar-
que, ou les beautés des poètes anciens, le
jeune Henri, sourd à tant de belles choses,
s'esquivait lestement, et trouvait dans le
père de Raymond, son valet de chambre,
un complice bien plus indulgent de ses fre-
daines.

Il s'en allait bravement à la chasse, et ne
se faisait pas faute, quand l'occasion s'en
présentait, sans danger pour lui, de rosser
les jeunes paysans de son âge qui ne le sa-

luaient pas assez bas, ou qui n'obéissaient pas à ses caprices.

Lorsqu'il eut atteint l'âge de dix-huit ans, son père lui fit prendre du service dans l'armée.

Le jeune baron était au régiment quand son père mourut, il y apprit, sans étonnement, les dispositions testamentaires du vicomte en faveur de sa fille ; le vicomte n'avait laissé à son fils que ce que la loi lui accordait strictement, de sorte que la vicomtesse avait hérité d'une fortune quadruple au moins de celle de son frère.

Celui-ci sut contenir son dépit, mais il concentra lentement tout le fiel dont son cœur menaçait de déborder, et se considéra *in petto*, comme injustement dépouillé de l'héritage de ses aïeux.

Aussi, continua-t-il à mener, au camp, la vie licencieuse qu'il avait déjà commencée. Grâce à la générosité de sa sœur, il n'eut jamais à souffrir de la position qui lui était faite par le testament de son père.

Il y avait donc trois ans que le jeune baron était éloigné du manoir paternel, lorsqu'une blessure légère lui fournit le prétexte de revenir chez sa sœur, la vicomtesse.

Instruit par Raymond de tout ce qui se passait au château, il voulait cependant s'assurer par lui-même que sa sœur ne songeait pas à se marier, et pensait parfois avec amertume au jeune seigneur d'Escoublac qui avait été élevé avec lui.

Le jeune seigneur d'Escoublac était le fils unique d'un ami intime du feu vicomte de

Douges, que son père lui avait confié en mourant, en le chargeant d'administrer sa petite fortune.

Le vicomte n'avait pas manqué à son devoir, et avait instruit le jeune Gaspard en même temps qu'Henri, son propre fils. Seulement, le premier avait retiré de l'éducation le fruit qu'elle porte, tandis qu'Henri était resté ignorant.

En outre, Gaspard d'Escoublac, plus âgé de deux ans qu'Henri de Douges, était plus fort, plus adroit, plus brave.

Si bien que le premier était chéri de tous et paraissait être le fils de la maison, bien autrement et à plus juste titre que le baron.

Aussi, celui-ci amassa-t-il peu à peu dans son cœur autant de haine qu'il en fallait pour nuire de son mieux à son camarade d'enfance.

Ses espiègleries de jeunesse ne lui avaient guère rapporté que des horions et des réprimandes, mais la révélation que Raymond venait de faire, réveillait dans le cœur d'Henri tout un passé de souffrances, d'envie, de rage impuissante qui allait enfin trouver l'occasion d'éclater.

Le baron avait alors vingt-trois ans.

Comme il n'avait rien remarqué dans les allures de sa sœur qui dût l'alarmer, il avait pensé qu'elle se vouerait au célibat pour lui conserver l'héritage paternel, et il s'était endormi presque confiant dans les plaisirs de la chasse et de la table, lorsque le secret surpris par le fils de son ancien valet de chambre vint l'arracher d'une fa-

çon brutale aux idées qu'il caressait amou-
reusement.

Ce fut dans ces dispositions violentes que
le baron se présenta chez sa sœur, sans dai-
gner se faire annoncer.

La vicomtesse était tranquillement assise
auprès de sa fenêtre, en train de broder une
tapisserie fine, que ses doigts effilés tra-
maient avec un soin merveilleux.

Elle tourna la tête, et en apercevant son
frère, elle reprit tranquillement l'ouvrage
auquel elle se livrait.

Cependant comme le baron se tenait debout devant elle et s'agitait fiévreusement,
elle releva la tête et remarqua seulement
alors l'expression de la physionomie de son
frère, et l'agitation à laquelle il était en
proie.

— Qu'y a-t-il, mon frère ? et pourquoi cette émotion que je lis dans vos traits ? — demanda-t-elle d'une voix douce.

— Mais, madame, vous pourriez mieux que moi l'expliquer peut-être, — répondit Henri.

— Je ne vous comprends pas.

— Oh ! je sais bien qu'il n'y a pas de meilleur sourd que celui qui ne veut pas entendre.

— Mais encore faudrait-il que je sache ce que vous voulez dire.

— Eh ! madame, vous ne le savez que trop.

— Encore une fois, expliquez-vous. Il y a dans vos paroles un accent auquel je ne suis pas habituée et qui me donne le droit d'exiger cette explication ; aussi dois-je croire que vous allez me la donner.

En disant ces mots, la vicomtesse posa sur une table placée à côté d'elle l'ouvrage qu'elle avait commencé et regarda fixement son frère.

— Mon Dieu, madame, vous n'avez pas besoin d'exiger une explication que je suis moi-même venu chercher, et vous allez savoir de quoi il s'agit.

— Je vous écoute donc.

— Lorsque vous promenez votre amour dans le parc du château, vous devriez veiller, madame, à ne vous laisser surprendre par aucun indiscret.

— Qu'est-ce à dire ? — demanda la vicomtesse en rougissant légèrement.

— Cela veut dire que votre entretien avec

ce M. d'Escoublac a été surpris et m'a été rapporté. Or, c'est chose scandaleuse, que de s'exposer à semblables vilenies, et c'est de quoi je viens vous demander compte.

— Me demander compte, vous, à moi ! Vous perdez la tête, Henri !

— C'est possible, mais je ne souffrirai jamais que l'honneur de la maison de Douges soit atteint par un hobereau comme le sieur d'Escoublac.

— Vous devriez vous rappeler avant tout, mon frère, que ma position vis-à-vis de vous me dispenserait, si je le voulais, de toute autre explication que celle de mon bon plaisir. Toutefois, comme je n'ai point à me cacher d'un amour qui m'honore et me flatte, je dois à ma propre dignité de vous confier que j'attendais votre retour pour célébrer avec M. d'Escoublac l'union que j'ai projetée.

— Ainsi, c'est sérieux.

— Auriez-vous supposé, par hasard, qu'un autre que celui qui devait être mon mari m'eût impunément parlé d'amour?

— Eh! madame, il est bien question de cela!

— Alors, je vous comprends moins que jamais.

— Je veux dire que cette union avec le sieur d'Escoublac est impossible et ne se fera pas.

— Et pourquoi, s'il vous plaît, Henri?

— Parce que je ne le veux pas! — répondit insolemment le baron.

— En vérité! Eh bien! mon frère, vous me mettez à l'aise en prenant avec moi ce

ton de superbe audace, et je préfère de
beaucoup que vous l'ayez employé plutôt
que celui des remontrances que ma raison
m'a suggérées cent fois et dont elle a triom-
phé. Ah ! vous ne voulez pas que j'épouse
le chevalier d'Escoublac ! Eh bien ! je me
passerai d'une permission dont je n'ai nul
besoin.

Le baron pâlissait visiblement, ses mains
se crispaient convulsivement, ses dents se
serraient, ses yeux s'enfonçaient davantage
dans leur orbite.

— Non, je ne le veux pas ! et cela ne sera
pas ! — répétait-il.

— Mon frère, — dit la vicomtesse avec
noblesse, — vous me rappelez malgré moi
que je suis la maîtresse ici, quand j'avais
tout fait pour vous le faire oublier. Rentrez

en vous-même, mon frère, et me laissez faire à ma volonté. Gardez pour d'autres ces vaines menaces et toute cette inutile colère. Je suis du même sang que vous, je crains moins l'insolent qui vient me braver, que les tendres reproches d'un frère que je chérissais.

La vicomtesse étendit la main en montrant la porte par où son frère était entré, mais son courage l'abandonna tout à coup, elle tomba sur son fauteuil, et versa des larmes abondantes en s'écriant :

— Mon père et ma mère, pardonnez-moi !

Pendant la violente sortie échappée à la colère de la vicomtesse, et dont elle se repentit si vite, qu'elle ne put cacher sa douleur aux yeux de celui qui l'avait provoquée, le jeune baron avait pâli davantage, et il avait fait un mouvement pour s'éloigner.

Mais une pensée rapide vint traverser son esprit, son bras, qui s'était levé pour la menace, retomba avec l'expression du découragement et de la douleur : une larme fut sur le point de perler au bord de sa paupière, et il s'écria :

— Vous avez raison, Julie, je suis fou !

En entendant ces paroles, la vicomtesse releva la tête comme si elle eût été frappée d'un coup de foudre. Puis regardant son frère avec un attendrissement de plus en plus grand, elle lui dit :

— Merci, Henri, je vois avec plaisir que vous revenez à la raison, car vous m'avez causé une grande peine.

— Que voulez-vous, je n'aime pas beaucoup M. d'Escoublac, — répondit le baron,

— mais, puisqu'il va avoir l'honneur d'être votre mari, je renonce à mes antipathies, bien convaincu de l'excellence du choix que vous avez fait.

— Croyez-bien, mon frère, qu'à compter de ce jour, votre position sera indépendante, et que je vous ferai un bel avenir. Dieu merci ! mon père ne m'a pas interdit de disposer de mes biens.

— Bonne sœur ! — s'écria le baron.

— Allons, Henri, adieu, et sans rancune.

Et comme le baron allait s'éloigner :

— Ne voulez-vous point m'embrasser, mon frère ?

— De grand cœur, — dit froidement le baron en déposant un baiser sur la joue de sa sœur.

Julie le regarda s'éloigner et poussa un long soupir en le voyant disparaître.

Quant au jeune baron, dès que la porte se fût refermée sur lui, l'expression de sa physionomie changea comme par enchantement. Quiconque l'eût surpris en ce moment, eût été convaincu que ce baiser, donné à la sœur par le frère, était le baiser de Judas.

# V

## Gaspard d'Escoublac.

Gaspard d'Escoublac était un jeune homme de vingt-cinq ans, — poursuivit Georges en continuant sa lecture que Charles écoutait avec une attention profonde, — il avait deux ans de plus que le baron avec qui il avait été élevé.

Il était propriétaire et seigneur du château d'Escoublac, situé au bord de la mer, à quelques lieues de la vicomté de Douges.

Construit sur les falaises qui servent de limites naturelles à l'Océan sur toute la côte de Bretagne, le château d'Escoublac avait une situation d'autant plus pittoresque et d'autant plus attrayante, que ses deux façades avaient été élevées de façon à ménager à l'œil le tableau de deux paysages variés.

Du côté du sud, on voyait se dérouler à ses pieds le magique panorama de la mer qui se fondait doucement avec le ciel dans les brouillards d'un horizon lointain, tandis que le côté nord regardait l'intérieur des terres. Au bas du château se trouvaient de vastes marais salants, puis, à mesure que le regard s'éloignait, le paysage s'égayait des plus belles couleurs, et de l'enchanteresse perspective des prairies sans fin qui couvrent la plus grande partie de cette contrée.

Orphelin à l'âge de huit ans, Gaspard d'Escoublac avait été confié par son père au vicomte de Douges.

Lorsque Gaspard fut devenu homme, le vicomte lui remit entre les mains les titres de sa fortune, dont il avait augmenté les revenus de plus de moité, tant par des acquisitions de terres, que par des réserves d'espèces monnayées; si bien que le jeune Gaspard, lorsqu'il entra dans le monde, se trouva en position de tenir dignement son rang.

Il avait une de ces physionomies ouvertes qui séduisent dès le premier moment ; son œil franc et bien fendu se reposait douce- ment sur tout ce qui l'entourait. Son nez, aux narines saillantes, accusait un courage à toute épreuve ; sa bouche légèrement re- levée, toujours prête à sourire et ombragée d'une fine moustache blonde, s'ouvrait sur une rangée de dents irréprochables. Son menton saillant donnait à l'ensemble de ses traits un caractère de noble audace et d'énergie. Des cheveux blonds tombaient en boucles épaisses sur un cou nerveux et bien attaché, dénotant une force peu com- mune, dont il avait maintes fois donné des preuves.

Cette force athlétique, dans une enveloppe presque féminine, jointe au courage qu'il avait déployé dans plus d'une circonstance, lui avaient acquis, dans tout le voisinage, une réputation presque héroïque.

On s'explique dès lors la haine qu'avait conçue pour Gaspard l'envieux Henri de Douges, comme on comprend sans peine l'amour qui naquit sans effort entre le jeune gentilhomme et l'isolée vicomtesse.

Julie avait atteint sa vingt-deuxième année, lorsque son père vint à mourir ; elle avait refusé déjà plus de vingt partis, attirés autant par sa beauté que par son immense fortune, et cependant pas une parole n'avait été échangée entre elle et Gaspard, qui fût venue révéler à ces jeunes amants, le secret doucement enfoui au fond de leur cœur.

Mais de ce feu qui couvait lentement, de-

vait jaillir un jour l'étincelle révélatrice.
L'occasion se présenta bientôt d'une façon
tellement naturelle, que ni l'un ni l'autre
ne s'avisèrent de rougir d'une chose aussi
simple.

Gaspard, au moment de quitter la Bretagne pour faire un voyage, vint nécessaire-
ment faire ses adieux à la vicomtesse et à
son frère.

— Madame, — dit-il en s'adressant à
Julie, — je viens vous présenter mes derniers compliments, je pars demain à quatre
heures du matin.

— Déjà ! — s'écria Julie.

— Hélas, oui ! — fit en soupirant Gaspard.

— Vous allez à Paris?

— Oui.

— Vous allez voir monsieur de...

« Ici, — dit Georges en interrompant sa lecture, — le nom est en blanc dans le manuscrit.

Sans doute est-ce celui d'un personnage célèbre ; mais il faut que nous devinions.

— Qu'importe ! — dit Charles, — continue !

— Cela t'intéresse ?

— Énormément.

Georges reprit sa lecture.

— Voir cet homme ! — s'écria Gaspard, — j'ai pour lui un trop profond mépris !

— Taisez-vous ! — dit vivement la vicomtesse.

— Pourquoi ?

— Je comprends que votre loyauté s'indigne de cet homme, mais songez à ne point

formuler si haut des pensées aussi ris-
quées sur un être puissant : il y va de votre
avenir.

— Mon avenir ! — dit amèrement Gaspard
en haussant les épaules.

— Sans doute, mon ami.

— Que me fait l'avenir, à moi ? Ne suis-
je pas seul en ce monde, ai-je un père à
respecter, une mère à bénir ? Non, je suis
toujours seul en mon château d'Escoublac,
et sans ce brave Mahé...

— C'est mal à vous, Gaspard, d'oublier
ainsi vos amis, et de vous livrer si jeune
encore à un découragement précoce que
rien n'excuse ni n'autorise.

— Pardon, madame la vicomtesse.

— Non, je ne puis vous pardonner d'avoir oublié que vous avez en moi une sœur dévouée.

— Vous, Julie ! Mais n'allez-vous pas vous marier un jour ou l'autre ! Et lorsque vous aurez un mari, une famille, des enfants même, songerez-vous encore à l'infortuné Gaspard d'Escoublac !

— Je vous avais mal jugé, mon ami, — répondit Julie, — je vous croyais le cœur assez bien placé pour ne pas m'accabler ainsi d'une ingratitude imméritée, vous ne m'aimez point, Gaspard !

— Je ne vous aime pas, dites-vous, moi qui n'ai jamais eu d'autre sentiment que celui de l'affection la plus tendre depuis le jour où, pour la première fois, j'ai mis les pieds dans ce château ! moi, qui n'ai vécu jusqu'à ce jour que pour vous, moi, qui frémis à l'idée de vous voir appartenir à un autre ! Et vous ne l'avez pas vu, et je ne me suis pas trahi cent fois devant vous ! Et il faut que ce soient vos reproches qui m'arrachent un aveu que je faisais tous mes efforts pour contenir lorsqu'à chaque instant il me venait aux lèvres ! Je ne vous aime pas ! mais tout n'a-t-il pas un langage en ce monde qui vous ait prouvé le contraire ! Ai-je su étouffer cet amour au point de ne le trahir jamais ! N'avez-vous pas entendu les battements de mon cœur troubler le silence embarrassé que je gardais auprès de vous quand j'aurais voulu le rompre à tout prix !

— Et qui vous en empêchait, Gaspard ? — dit Julie dont l'œil rayonnait.

— Quoi ! vous ne me maudissez pas ! Vous

ne me repoussez pas loin de vous pour cette
audace que je viens de montrer, et dont je
me serais cru incapable ! Vous me deman-
dez ce qui enchaînait mes paroles, je vais
vous le dire, Julie ! Vous êtes jeune, vous
êtes belle, vous êtes riche, enviée de tous,
aimée de ceux qui vous approchent, bénie
de ceux sur qui vous répandez vos bienfaits
à l'égal d'une sainte ; mais que suis-je auprès de vous ! A peine un gentillâtre de
province, qu'on ne manquera pas de taxer
d'ambition, et de basse cupidité s'il ose élever jusqu'à vous les vœux qui germent sour-
dement en lui-même ; voilà pourquoi je me
taisais ! Mais à présent, que m'importe le
monde, les bruits calomnieux qu'il répandra
sans doute ! Vous m'aimez, Julie, vous m'a-
bandonnez sans la retirer cette main que je

presse entre les miennes et que je couvre de baisers ! Que puis-je craindre ! Je veux m'ensevelir dans cet amour au point que pas un autre bruit que le son de ta douce voix ne parvienne jusqu'à moi. Cet amour sera mon égide. Pour toi, Julie, je grandirai, je m'élèverai, j'arriverai ! Je ferai taire les voix secrètes de mon indignation devant la carrière ouverte à ma noble ambition. C'est toi que je servirai, toi que j'aimerai, toi que j'adorerai. Tu seras mon Dieu, mon roi, ma foi, et devant ta douce image les obstacles disparaîtront, les difficultés s'aplaniront pour me laisser toucher au but que mon amour a rêvé !

— A la bonne heure, Gaspard ! je retrouve un homme enfin, quand je craignais de n'avoir vu qu'un enfant ! Courage et confiance! Dieu vous protégera, vous dont l'âme est si belle, et dont le cœur est si bon.

Gaspard partit.

Lorsque le baron vit s'éloigner son camarade d'enfance, il poussa un long soupir de satisfaction, comme s'il eût vu s'évanouir un danger pressant.

En effet, il ne gagnait pas au parallèle forcé qu'on établissait constamment entre lui et Gaspard, et bien qu'il ne pût s'en prendre qu'à lui-même de ce désavantage qu'une comparaison de chaque jour créait inévitablement, son orgueil n'en souffrait pas moins lorsqu'il considérait la distance qui le séparait de ce hobereau d'Escoublac.

Plus tard, lorsqu'il alla rejoindre à son tour le régiment de dragons dans lequel il servit, il perdit insensiblement ces impressions de l'enfance, il éprouva même quelque plaisir à retrouver Gaspard à Paris, mais ses premiers instincts se réveillèrent bientôt à la suite d'une aventure, mesquine en apparence, et qui blessa profondément son amour-propre.

Voici le fait :

Un soir que d'Escoublac regagnait son logis avec quelques gentilshommes servant comme lui, il entendit une voix perçante appeler au secours.

Il arriva rapidement dans une ruelle à peine éclairée, et aperçut vaguement une bourgeoise, luttant dans l'obscurité contre un homme qui la retenait obstinément dans ses bras,

La nuit était tellement noire, qu'on ne pouvait distinguer les traits du visage.

— Ah çà, — cria d'Escoublac, s'interposant, — quel est donc le manant assez osé pour maltraiter ainsi une femme ?

— Passez votre chemin, l'homme ! — répondit-on.

— Oui-dà, je le veux bien ! — mais auparavant laissez partir cette colombe que vous violentez indignement !

— Allez au diable et laissez moi !

Gaspard s'approcha alors, et dégagea la jeune bourgeoise des mains de celui qui la chiffonnait si durement ; celle-ci disparaissait après avoir remercié son sauveur, lorsqu'arrivèrent les amis du chevalier d'Escoublac.

Ils comprirent d'un coup d'œil la scène qui venait d'avoir lieu, et ne purent s'empêcher de rire en voyant la triste contenance du ravisseur dépossédé. La colère monta au front de l'homme, qui s'écria :

— Qui donc a osé me faire cet outrage ?

— C'est moi, ne vous en déplaise, — répondit d'Escoublac.

— Qui êtes-vous ?

— C'est ce qu'il ne me plaît pas de vous dire, avant que vous ne m'ayez donné votre nom, vous-même.

— Je vais vous montrer qui je suis, — répliqua l'autre en dégaînant sa rapière.

— A votre aise, et nous verrons si vous vous conduisez aussi vaillamment avec les hommes qu'avec les femmes, — dit en riant d'Escoublac.

— Allons, monsieur, en garde !

— Pardon, — dit un des gentilshommes en intervenant, votre nom, je vous prie ?

— Je suis le baron de Douges.

— Le baron de Douges ! — s'écria d'Escoublac en reculant instinctivement.

— Ah ! vous avez peur ! — dit Henri.

— Non, mais je vous prie de vouloir bien agréer mes excuses, jamais un d'Escoublac ne se battra avec vous.

— Vous êtes le chevalier d'Escoublac ? — reprit Henri, tremblant de rage, — allons tant mieux ! en garde !

— C'est inutile, je refuse... de me battre avec vous.

— Vous voulez donc que je vous tue comme un chien !

— Faites ce qu'il vous plaira, mais voici que j'ai remis mon épée au fourreau, et je jure qu'elle n'en sortira jamais contre le fils de mon bienfaiteur.

— Lâche ! — hurla Henri.

— Taisez-vous, — Henri ! — s'écria Gaspard, — car vous savez bien que vous mentez.

— Eh bien ! meurs donc ! — dit le baron en se précipitant sur Gaspard, l'épée haute.

Les témoins s'interposèrent alors, mais quelle qu'eût été leur vivacité, ils ne purent empêcher l'épée du baron de pénétrer dans le bras droit de leur ami.

— Ma foi, monsieur de Douges, — dit un des témoins en dégaînant, — c'est bien vous, vraiment, qui êtes un lâche ; sans nous vous commettiez un assassinat ; vous êtes un vilain gentilhomme, et voici trois de mes amis qui sont de mon avis, — ajouta-t-il en désignant les autres jeunes gens.

— Oh ! complètement ! — s'écrièrent-ils d'une seule voix.

A son tour, Gaspard intervint, apaisa cette querelle avec un ton d'autorité auquel on obéit machinalement, et fit jurer à ceux qui l'accompagnaient de ne rien révéler de ce qui venait de se passer.

Ceux-ci le promirent bien qu'à contre cœur, et s'éloignèrent en soutenant d'Escoublac, et en jetant à leur adversaire un regard de mépris, sous lequel on le sentit rougir en dépit des ombres de la nuit.

Le baron de Douges, assuré désormais que cette méchante affaire ne serait pas ébruitée, grâce à la générosité de celui qu'il avait failli assassiner, se décida à abandonner honteusement le champ de bataille, sur lequel il venait d'éprouver cet échec.

On comprendra mieux maintenant en-core, pourquoi Henri haïssait Gaspard, et à quel point dut s'élever le degré de sa haine et de sa colère, en présence du nouveau coup qui le menaçait.

# VI

## Le baron.

Le baron de Douges était donc plongé dans ces funestes dispositions lorsqu'il avait quitté sa sœur.

Le baiser qu'il lui avait donné presque malgré lui, car il ne songeait guère à solliciter cette faveur, n'avait été pour lui qu'un moyen de tromper plus facilement l'esprit déjà abusé de la vicomtesse; mais la haine, amassée au fond de son cœur depuis des années, commençait à déborder en vagues menaçantes maintenant qu'il était livré à ses pensées.

Quand il vit que ses menaces étaient inutiles, et que, loin d'effrayer sa sœur, elles contribuaient au contraire à relever sa fierté et à augmenter les effets de son immuable volonté, il sentit qu'il devait s'incliner fatalement en apparence devant ce mariage inévitable, et il eut recours à la plus odieuse hypocrisie pour cacher les sombres projets que cette union faisait éclore dans son cerveau irrité.

Il feignit donc de s'attendrir, d'approuver tout ce que la vicomtesse avait résolu de faire, et de l'abuser à ce point sur les dispositions qu'il ressentait, qu'elle n'osât lui imputer aucun des accidents que sa haine voulait provoquer, et qu'elle devait faire naître le jour même.

Il fit appeler Raymond, son valet de chambre, afin de s'entretenir avec lui des inconvénients de la situation présente, et des moyens d'y porter un remède énergique.

Lorsque Raymond fut appelé de nouveau auprès de son maître :

— Vous m'avez fait demander, monsieur le baron, — dit-il.

— Assieds-toi là et écoute-moi bien, — répondit le baron.

— Serais-je assez heureux pour être appelé à rendre service à Sa Seigneurie?

— Oui, j'ai besoin de toi.

— Est-ce pour longtemps?

— Peut-être, mais écoute-moi et fais attention !

— J'écoute !

— Tu n'as pas deviné de quoi il s'agit?

— Pas encore! — répondit hypocritement Raymond.

— Il s'agit de M. d'Escoublac.

— En vérité! — dit Raymond de l'air le plus étonné qu'il sut prendre.

— Tu sais, — continua le baron, — qu'il a formé le projet insensé d'épouser ma sœur.

— Parbleu! c'est moi qui vous l'ai appris.

— Oui, mais ce que tu ignorais, c'est que je viens de voir la vicomtesse et que j'ai eu avec elle une explication violente, à la suite de laquelle elle a eu l'imprudence de me rappeler une chose que je n'avais garde d'oublier.

— Y a-t-il de l'indiscrétion à vous demander quelle est cette chose ?

— La vicomtesse m'a répondu fort catégoriquement qu'elle était la maîtresse ici, qu'elle aimait Gaspard, qu'elle allait l'épouser, et que ce serait une chose faite depuis longtemps si elle n'avait pas attendu mon retour pour donner à ce mariage encore plus d'éclat.

— C'est d'une délicatesse assurément bien digne de madame la vicomtesse !

— N'est-ce pas que c'est fort aimable à elle d'avoir pensé à cela ? Ne trouves-tu pas que ce soit une manière adroite de retourner le poignard dans une plaie saignante et de réveiller une haine qui sommeillait à peine ?

— Je suis complètement de votre avis, monsieur le baron, — répondit Raymond.

— Aussi, j'ai songé à lui faire des noces dont le souvenir ne s'effacera jamais de sa mémoire, — ajouta Henri avec un éclat de voix.

— C'est fort bien pensé, assurément.

— Elle croit donc, — continua le baron en s'animant, — que j'ai oublié l'injuste façon dont notre père m'a dépouillé à son profit !

Elle s'est donc imaginé que j'allais me laisser ainsi lier les mains et conduire au supplice avec la stupidité du mouton !

Elle a pensé que je renoncerais à l'immense fortune qu'elle m'a volée !

Oh! non! je ne suis pas de ces patientes victimes qui se résignent sans lutter!

J'ai bien voulu garder extérieurement le respect dû à son titre de vicomtesse, tant que l'éclat de la maison de Douges ne serait pas terni d'une mésalliance, tant que j'ai pensé qu'elle se condamnait à un célibat éternel pour ne point faire tort à mon établissement ou à mon avenir; mais maintenant que notre blason est menacé, je bénis l'heureuse idée qui lui a donné l'inspiration d'attendre mon retour, car il est temps encore peut-être d'y mettre bon ordre.

— Les choses sont tellement avancées, qu'il me paraît difficile maintenant d'en arrêter l'exécution.

— Il y a toujours moyen de le faire.

— Diable! — pensa Raymond, — cela se

complique ! et il ajouta tout haut : — Mais quel est ce moyen ?

— Il faut que Gaspard disparaisse !

— C'est facile à dire, mais...

— C'est facile à exécuter.

—Je ne comprends pas, — dit Raymond qui tenait à se faire expliquer scrupuleusement les intentions du baron.

— Tu as l'intelligence bien épaisse, aujourd'hui, maître Raymond, — répondit sévèrement Henri de Douges.

— Vous voulez que le seigneur d'Escoublac disparaisse, mais comment ?

— En le tuant, parbleu ! il n'y a que les morts qui ne reviennent pas.

Raymond fit un soubresaut violent. Bien qu'il eût deviné depuis longtemps les intentions du baron, il ne s'attendait pas à les voir formuler d'une manière aussi précise.

De son côté, le mouvement de Raymond surprit le jeune homme, qui se croyait compris par son valet.

— Cela t'étonne? — dit-il.

— Non, pas précisément, mais si j'ai parfaitement saisi le sens de vos paroles, j'avoue que pour mille louis, je ne me chargerai point d'une pareille besogne.

— Tu marchandes?

— Du tout, c'est vous qui marchandez, et grandement même!

— Comment?

— Sans doute. Vous ai-je promis de faire pour mille louis tout ce que vous m'auriez ordonné? Non. Tandis que vous me proposez de vous débarrasser proprement et promptement d'un homme qui vous gêne.

Vous retrouvérez, lui mort, cette richesse et ce titre que vous êtes menacé de perdre aujourd'hui, et vous voulez que je vous fasse, pour un prix mesquin, grand, riche, honoré, et assuré d'un bel avenir !

Point, monsieur le baron, je ne suis point un coupe-jarret vulgaire, et je refuse.

— Tu refuses, toi, Raymond ! — s'écria le baron que la colère commençait à gagner.

— Je refuse formellement. Croyez-vous que si j'allais révéler au sieur d'Escoublac le projet que vous venez de me confier, il hésiterait à me donner deux mille louis, pour payer mon inaction ? Et pourtant il n'est pas riche, lui !

— Alors, fixe toi-même le prix que tu veux mettre au service que j'attends de toi.

— Je veux de quoi vivre indépendant à l'avenir, si je sauve ma peau de cette bagarre. Vous savez aussi bien que moi combien est fort et adroit M. d'Escoublac, ainsi...

— C'est à toi d'aviser au moyen de ne pas t'exposer.

— Et j'y aviserai, je vous en donne ma parole, — s'écria Raymond avec conviction.

— Alors, explique-toi vite.

— Monsieur le baron, il me faut trois mille louis, ou il n'y a rien de fait.

— Es-tu fou?

— Oh! que non! Je veux mille louis sur l'heure, et les deux mille autres payables après l'exécution de notre petit projet.

— Soit! tu les auras.

— En ce cas, je me charge de tout!

— Quel est ton plan?

— Il est bien simple, et je vais vous l'exposer en peu de mots...

Un valet vint interrompre le dialogue si bien commencé, en annonçant au baron que madame la vicomtesse l'attendait pour souper.

— Dites à madame la vicomtesse, — répondit péremptoirement Raymond, — que M. le baron est assez gravement malade pour que j'aie envoyé chercher le chirurgien. J'insistais auprès de lui pour l'engager à prendre le lit, et il se disposait à le faire quand vous êtes venu  Allez!

Le valet disparut en s'inclinant.

— Et vite, monsieur le baron, — continua Raymond, — regagnons votre chambre. Je vous confierai plus à l'aise le plan que j'ai combiné pour sauvegarder votre hon-

nẽur, qui courrait grand risque d'être atteint par la mort prématurée de M. d'Escoublac.

Le baron obéit machinalement et se laissa
emmener sans mot dire par Raymond, tandis que la vicomtesse, attristée, attribuait
la maladie subite dont son frère venait d'être
atteint à la scène violente qu'ils avaient eue
ensemble.

Elle craignait que les paroles sévères que
sa colère avait laissé échapper, et qu'elle
avait si amèrement regrettées, n'eussent agi
sur son frère de façon à amener un boule-
versement quelconque dans son organisme.

Elle toucha à peine au souper qui était
servi devant elle, et regagna son appartement où elle s'enferma rêveuse.

Marthe, sa femme de chambre, s'empressa

autour d'elle et chercha par tous les moyens imaginables à dissiper le nuage qui obscurcissait le front de sa maîtresse. Ses tentatives furent vaines; les observations qu'elle risqua, les éclats de sa gaîté et de sa jeunesse, ne parvinrent pas à dérider la vicomtesse.

Quand elle s'aperçut que le temps était sérieusement à l'orage, Marthe se renferma dans un silence expressif.

Ses yeux se fixaient sur Julie de Douges avec un sentiment qu'on aurait pu prendre pour de l'amour filial, si l'âge de la belle désolée eût pu autoriser une semblable supposition.

Mais, à coup sûr, les regards de la camériste exprimaient la reconnaissance et le dévouement.

En effet, elle avait été élevée auprès de la vicomtesse, à qui elle devait tout, elle avait été témoin maintes fois de sa générosité et de sa bonté envers les infortunés qui avaient eu recours à elle.

Elle était un exemple vivant de cette réputation de bienfaisante charité qui s'attachait dans le pays au nom de sa chère maîtresse, et elle joignait ses vœux au trésor des bénédictions dont les braves gens qu'elle avait secourus accompagnaient Julie.

Marthe était une fille blonde, accorte, et qui allait atteindre l'âge de dix-huit ans. Elle avait cette fraîcheur qui tient lieu de beauté, l'œil éveillé, la bouche souriante, et un certain air de malice répandu sur sa physionomie qui lui donnait un attrait enchanteur.

On ne s'étonnera donc point que maître Raymond trouvât la jeune fille à son goût, et allât rêver dans le parc aux moyens de captiver tant de charmes.

Jusqu'ici, ses tentatives conquérantes avaient été repoussées, et un soir qu'il avait voulu livrer bataille, il avait obtenu enfin le plus beau soufflet qui eût été jamais distribué à vingt lieues à la ronde.

# VII

## Le chirurgien.

Pendant que la vicomtesse concevait les craintes chimériques que nous connaissons à l'endroit de son indigne frère, tandis qu'elle se recueillait doucement dans sa chambre, honteuse de l'audace qu'elle avait déployée, et dont elle s'accusait tacitement,

le baron, suivi de Raymond, montait tranquillement dans sa chambre, se couchait et
se préparait traîtreusement à faire une belle
maladie.

Le chirurgien, mandé en toute hâte par
un valet que Raymond lui avait envoyé, accourut pour soigner M. le baron.

Son étonnement fut donc grand, lorsqu'au
lieu d'un malade à guérir qu'il s'attendait à
trouver, il se vit en présence d'un homme
fort bien portant, à en juger par sa mine.

Cet étonnement augmenta d'abord, puis
diminua insensiblement à mesure que sa
conversation avec Raymond toucha vers sa
fin.

— Asseyez-vous, maître Fabert, et ne
perdez pas une des paroles que M. le baron

m'a chargé de vous transmettre, — dit Raymond.

— Je suis aux ordres de M. le baron,—
répondit le médecin.

— Voilà qui est fort bien ! M. le baron a
la fièvre, n'est-ce pas, maître Fabert ?

— On ne le dirait vraiment pas, — balbutia timidement le médecin.

— Veuillez vous en convaincre, — dit
Raymon d'un ton impératif.

Le chirurgien se dirigea vers le lit avec
une certaine hésitation ; il prit avec le plus
grand respect le bras du baron , et comme
il ne découvrait aucun symptôme de la maladie pour laquelle on l'avait fait venir, ses
traits revêtirent l'expression d'une telle stupéfaction, que le baron ne put s'empêcher

de lancer un immense éclat de rire lorsque maître Fabert lui dit :

— Veuillez me montrer votre langue, monsieur le baron.

Ce rire déconcerta davantage le médecin, et il se fût certainement mis en grande colère si le respect qu'il éprouvait ne l'en eût empêché.

Raymond, non moins gai que son maître en voyant le chirurgien tout décontenancé, continua :

— Vous voyez que mon maître a la fièvre.

— Mais, au contraire... je ne vois pas.... — dit le médecin.

— Comment l'appellerons-nous cette fièvre maudite ?

—Nous l'appellerons comme il vous plaira, mais je vous jure que...

— Vous vous trompez, maître Fabert , — dit sévèrement le valet de chambre.

— C'est possible, — répondit le chirurgien avec un soupir.

— Dépêchons, je vous prie. Quel nom allons-nous donner à cette fièvre, car il est important qu'elle en ait un.

— Choisissez vous-même, monsieur, car il m'est complètement indifférent...

— Vous êtes en ce cas un bien singulier docteur, si vous ne connaissez pas davantage les maladies que vous êtes appelé à traiter.

Raymond lança au pauvre docteur un regard courroucé.

— Nous l'appellerons fièvre maligne, —

dit précipitamment maître Fabert, qui commençait à comprendre.

— Vous voyez bien que M. le baron est très-malade, et qu'il importe que vous veniez le visiter souvent pendant quelques jours.

— Vous avez grandement raison.

— Or, comme une maladie grave est toujours difficile à traiter, voici déjà cinq beaux louis que je suis chargé de vous remettre en attendant la parfaite guérison de M. le baron.

Cette fois, le chirurgien comprit tout à fait ce qu'on exigeait de lui, il tendit la main en saluant avec une politesse obséquieuse, enfourna les pistoles au plus profond de ses poches vides, et ajouta :

— Cette maladie a-t-elle besoin d'être connue de tout le monde?

— Assurément, — dit Raymond.

— En ce cas, je vais descendre aux cuisines préparer les médicaments nécessaires.

— C'est à merveille! Il serait même bon de faire quelque bruit dans la maison de cette fièvre malencontreuse.

— Je n'y manquerai pas.

A ces mots, maître Fabert descendit, et arriva tout effaré dans les cuisines : il bouleversa toute la valetaille, qui y était accourue, pour se procurer de l'eau, jeta les hauts cris, prépara, en se démenant comme un fou, une potion quelconque; puis, lorsqu'il eut rembruni tous les visages, il emporta triomphalement son breuvage et le monta dans la chambre du baron.

Il se promettait d'exploiter cette cure merveilleuse au profit de sa plus grande réputation, et il se réjouissait intérieurement de cette excellente aubaine, qui garnissait momentanément sa bourse plate et qui lui ferait, très-certainement, dans tout le pays un renom qu'il comptait faire fructifier en splendides honoraires.

Ce fut donc dans les dispositions les plus aimables qu'il pénétra dans la chambre du baron, il s'était préparé à ne plus s'étonner de rien.

— Voici la potion, — dit-il en faisant son entrée avec un pot d'argent plein d'un liquide fumant.

— Otez cela bien vite, — lui dit le baron.

— Il serait bon cependant que tout cet

attirail figurât sur la table de Sa Seigneu-
rerie.

— Vous êtes plein de sens, — lui dit Raymond.

— Je reviendrai demain matin, car je ne
dois pas perdre de vue mon illustre malade, — dit maître Fabert en souriant le plus
malicieusement qu'il put.

— Prenez garde de trop comprendre,
monsieur ! — dit Henri de Douges d'un air
sévère.

Les roses épanouies sur la figure placide
de l'honnête chirurgien disparurent comme
par enchantement, son visage s'allongea de
nouveau et reprit cette même expression
craintive qu'il avait à son arrivée.

— Je demande hublement pardon à monsieur le baron si je lui ai manqué de respect, c'était assurément sans intention.

— Soit ! et songez à ne raconter que ce qu'il faut de cette histoire, — dit le baron en congédiant maître Fabert abasourdi.

Celui-ci se retira avec une fort piteuse mine, et sortit en se faisant aussi mince qu'il lui fut possible.

Dès que l'infortuné chirurgien se fut éclipsé, sans demander une explication nouvelle, bouffi de la conviction intime qu'il était possesseur d'un grand secret, il tâta ses poches avec anxiété pour bien s'assurer que ses cinq louis y étaient toujours ; l'obscurité aidant, il croyait voir embusqués derrière chaque arbre de la route des voleurs prêts à le détrousser. Quand il échappait à cette crainte chimérique, son imagination, travaillant en sens inverse, faisait miroiter à ses yeux des milliers de louis dansant autour de lui une ronde fantastique, et rendant ce petit son argentin si doux à l'oreille humaine.

Ce ne fut qu'en rentrant chez lui que maître Fabert échappa à ces fantômes évoqués par son esprit, pour retomber lourdement dans une réalité beaucoup moins agréable.

Pendant ce temps, maître Raymond et le baron avaient repris leur entretien et s'égayaient aux dépens du vieil Esculape.

— Je réponds de son silence, — disait Raymond.

— Avait-il l'air penaud, le cher homme ! — ajouta le baron en riant.

— Comme un sanglier qui trouverait une perle.

— Silence, maître Raymond ! ou je vous fais avaler un verre de la potion préparée par cet excellent docteur Fabert.

— Je me ferais plutôt coudre la bouche, — riposta Raymond.

— Ah çà ! mais voilà près d'une heure que je fais tout ce que tu veux, les rôles sont complètement intervertis, je désire donc que tu m'expliques enfin...

— Pourquoi vous êtes malade ?

— D'abord ; et ensuite...

— Quoi encore ?

— Pourquoi tu as fait venir le chirurgien ?

— Ah ! grand Dieu ! — s'écria Raymond en haussant les épaules et en joignant les mains comme s'il eût eu pitié de l'inintelligence du baron.

Soit qu'il fût préoccupé, soit qu'il eû

intérêt à ne pas brutaliser son confident,
celui-ci ne parut pas s'apercevoir de ce geste
évidemment méprisant et que, dans toute
autre circonstance, il eût châtié de la bonne
manière.

— Pour combien de temps suis-je malade? — demanda le baron après un silence.

— Trois ou quatre jours au moins, il faut
garder la chambre, — répondit Raymond.

— Bien! maintenant dis-moi pourquoi.

— C'est facile. Vous êtes atteint d'une
fièvre maligne, vous êtes alité, le chirurgien
est venu, et vous avez entendu le beau tapage qu'il a fait en confectionnant votre potion pour la modique somme de cinq louis,
dont vous m'êtes redevable...

— Oui, je sais tout cela.

— Eh bien, concluez!

— Que veux-tu que je conclue?

— Que vous êtes dans l'impossibilité absolue de vous lever, que je vais demander à la vicomtesse la permission de passer la nuit auprès de vous, de sorte que si, dans deux ou trois heures d'ici, il arrivait malheur à ce pauvre Gaspard d'Escoublac, on ne pourrait pas nous accuser ni l'un, ni l'autre, malgré l'imprudente sortie que vous avez faite ce soir chez votre sœur.

— Oh! je comprends maintenant! — s'écria le baron avec une joie féroce.

— C'est bien heureux!

— Plaît-il?

— Vous y avez mis le temps, monsieur le baron.

Henri de Douges accepta encore, sans mot

dire, cette nouvelle insolence de son complice.

— Tu te charges de tout? — dit-il à Raymond.

— Oui. Nous allons maintenant exécuter le traité; où sont les mille louis?

— Ouvre ce bahut, tu y trouveras une cassette en fer que tu m'apporteras.

Raymond se leva en souriant, se dirigea vers le meuble que le baron venait de lui indiquer, et en rapporta une cassette assez lourde, à en juger par les efforts qu'il dut faire pour la déplacer. Son œil s'animait en même temps d'un regard de convoitise.

Le baron ouvrit lentement la cassette avec une petite clef en argent pendue à son cou, en tira plusieurs poignées d'or et les jeta sur la table placée à côté de son lit en disant à Raymond :

— Compte !

Un grand silence se fit pendant lequel on n'entendit que le tintement de l'or dans la chambre et le vent qui soufflait au dehors.

Au bout de cinq minutes, Raymond s'écria :

— Il y en a vingt-deux de trop !

— Garde-les, — dit négligemment le baron qui était pressé d'en finir.

Cela dit, il referma sa cassette et Raymond put la replacer sans effort, grâce à la saignée qu'il venait d'y pratiquer. Alors il revint s'asseoir béatement devant la table, vida dans son verre ce qui restait d'une bouteille de Malvoisie, il en contempla conscien-

cieusement la couleur, et but d'un seul trait
à la santé du baron.

— Maintenant, — dit-il, — je vais infor-
mer madame la vicomtesse de l'état de votre
santé, et lui annoncer que je passe la nuit
auprès de vous. Cela ne laissera pas que de
lui donner quelques bonnes et utiles inquié-
tudes, j'ose l'espérer.

— Va, et songe que j'ai tenu ma parole,
— dit le baron.

— Comme je tiendrai la mienne, je vous
le jure !

— Alors tout est convenu ?

— Ne vous ai-je pas dit qu'il pourrait
arriver malheur à ce pauvre M. d'Escoublac,
d'ici à deux ou trois heures ?

— Je me le rappelle en effet.

— Vous voyez donc bien que je n'ai pas

perdu de vue la promesse que je vous ai faite,

— Quand te reverrai-je?

— Je passe la nuit à vous soigner, monsieur le baron, vous me reverrez donc bientôt.

— Avant ou après?

— Avant... après... ou pendant...

Raymond s'éloigna sur ces dernières paroles que le baron ne put entendre sans laisser échapper un mouvement de terreur. Il se passa quelques secondes d'un silence terrible.

Les pas de Raymond étaient étouffés par le tapis épais qui garnissait la chambre; Henri de Douges réfléchissait sans doute à l'horreur du crime qu'il allait commettre; il se souvenait peut-être que le chevalier d'Escoublac lui avait sauvé non-seulement la vie mais l'honneur, et comme il n'était pas encore endurci, il hésitait probablement, lorsqu'un grand bruit vint l'arracher à ces pénibles réflexions. C'était la porte de sa chambre qui se refermait derrière son valet favori.

Le baron, brutalement rappelé aux angoisses de la situation présente, eut un moment de repentir pendant lequel il se mit à crier :

— Raymond !... Raymond !

Mais Raymond ne l'entendit pas, et Henri de Douges se rejeta dans son lit en s'écriant comme César :

— Bah ! le sort en est jeté !

# VIII

## Le guet-apens.

Raymond se dirigea sans perdre un instant vers l'appartement de la vicomtesse,
il était bien certain de la trouver encore
levée , puisqu'il savait qu'elle devait voir
à onze heures celui qu'elle aimait : Gaspard
d'Escoublac.

Comme il grattait discrètement à la porte, Julie releva la tête et fit signe à Marthe d'aller voir qui cela pouvait être.

Celle-ci obéit joyeusement ; elle voyait surgir enfin un incident quelconque qui allait rompre le silence navrant dans lequel la vicomtesse était plongée, mais son espoir fut de courte durée lorsqu'elle aperçut la face enluminée de Raymond. Aussi fit-elle une petite moue dédaigneuse, et dit-elle à sa maîtresse :

— Ah ! c'est Raymond !

— Qu'il entre. Que veut-il ?

— Je viens, madame, — dit Raymond en entrant et en s'inclinant, — vous donner les résultats de la consultation de maître Fabert.

— Mon frère va-t-il donc plus mal ?

— Je le crains, madame, car le chirurgien m'a recommandé de ne point le quitter,
et je venais vous demander la permission de
passer la nuit auprès de lui.

— Qu'a donc ce cher Henri ?

— Il est atteint d'une fièvre maligne.

— Il ne manque de rien, j'espère ?

— Le docteur a préparé une potion que
je suis chargé de lui faire boire d'heure en
heure.

— Je vous remercie, mon bon Raymond.

— Je suis tout aux ordres de madame
la vicomtesse et de M. le marquis ! —
répondit hypocritement le valet. — Ainsi je
puis donner mes soins à mon maître ? —
ajouta-t-il.

— N'êtes-vous pas à son service ?

— Sans doute, mais comme madame la

vicomtesse m'a employé quelquefois, je voulais m'assurer qu'elle n'avait pas besoin de moi, ce soir.

— Non, Raymond, vous pouvez vous retirer. Je vous recommande mon frère, et vous serai reconnaissante de tout ce que vous ferez pour lui. Si son état venait à empirer, je désire que vous veniez m'en prévenir.

— Je n'y manquerai pas, madame.

Raymond disparut en saluant, laissant, comme il s'y attendait, la vicomtesse fort affligée.

— Tu vois, chère mignonne, — dit Julie en s'adressant à sa femme de chambre, — tu vois que le ciel me punit de ma dureté.

— Chère madame, — répondit Marthe, —

pourquoi vouloir vous attribuer un mal que vous n'avez certainement pas causé ?

— Je ne sais, mais il est certain que j'en souffre. Je me sens gagner, malgré moi, par une invincible tristesse, j'ai beau vouloir lutter : elle me poursuit et me domine à un point que je ne saurais dire.

— Croyez-moi, madame, vous êtes complètement étrangère à l'origine de cette maladie. Il est beaucoup plus probable que M. le baron en aura pris le germe dans les interminables excursions auxquelles il se livre, ou dans l'exercice violent auquel la chasse l'entraîne presque chaque jour.

— Dieu le veuille, chère Marthe !

— D'ailleurs, qu'avez-vous à vous reprocher ? M. le baron est entré ici comme un furieux, il criait si fort que je l'ai involontairement entendu de la pièce voisine où je me trouvais. Vous lui en avez fait une ob-servation simple et naturelle : il a persisté dans sa colère, il était juste que vous l'em-pêchiez de continuer à oublier ce qu'il vous doit.

— Peut-être ai-je été trop loin !

— Pourquoi ? parce que la patience vous a échappé ? Eh ! madame, ne savez-vous pas que le plus grand saint pèche sept fois par jour !

— Tes paroles me font du bien, — ré-pondit Julie avec un sourire mélancolique provoqué par l'argument de la gentille Mar-the.

— Mon Dieu ! il ferait beau voir que vous vous rendissiez malade à votre tour, parce que M. votre frère est atteint d'une fièvre maligne.

— Maintenant, — dit Julie après un silence, — ma bonne Marthe, laisse-moi !

— Ne vais-je point vous déshabiller, madame ? — demanda la soubrette avec une certaine inquiétude.

— Non, Marthe, j'ai à écrire, et je m'acquitterai de ce soin ce soir.

— Mais je puis attendre.

— C'est inutile ; j'ai besoin d'être seule.

— J'obéis ! — dit Marthe en poussant un profond soupir.

— Viens que je t'embrasse, petite, — dit la vicomtesse avec bonté.

— Oh ! de grand cœur,—s'écria la jeune camériste en courant au devant de ce baiser.

—Et surtout ne soyez plus triste ! — ajouta-
t-elle en se retirant.

— Belle et bonne créature ! — dit Julie à
demi-voix.

Pendant ce temps, Raymond était parti,
ravi du succès obtenu par la ruse qu'il avait
imaginée. Il se voyait déjà possesseur des
trois mille louis, et il se disait qu'avec une
semblable fortune Marthe n'aurait plus l'audace de refuser un amour comme le sien.

Il bâtissait de splendides châteaux en Es-
pagne, il égarait ses rêveries dans les délices
d'un septième ciel, quand un coup violent
vint le rappeler sur la terre et lui remettre
en mémoire l'accomplissement de la promesse qu'il venait de faire au baron. Il s'é-
tait heurté contre un meuble dans l'obscurité.

Raymond entra dans sa chambre, prit deux pistolets chargés dont il eut le soin de renouveler l'amorce et de faire jouer la batterie pour s'assurer qu'ils étaient en bon état, et sortit du château par le parc pour gagner la ville de Douges qui s'en trouvait éloignée seulement de quelques centaines de pas.

Lorsque la onzième heure fut venue, la vicomtesse, qui était absorbée dans une foule de réflexions pénibles, se leva lentement, s'enveloppa d'une mante de soie, couvrit son visage d'un masque de velours noir et descendit avec précaution l'escalier qui conduisait à ses appartements.

Elle traversa la cour intérieure et disparut peu à peu dans la grande avenue du parc. Arrivée à quelques pas de la statue d'Apollon, elle s'arrêta comme pour s'assurer qu'elle n'était pas suivie, et pénétra ensuite dans le massif de verdure d'où s'élançait la statue du dieu de la poésie.

Un homme se trouvait là déjà qui lui tendit les bras dès qu'il l'aperçut : c'était Gaspard.

Le chevalier d'Escoublac attendait depuis quelque temps, il était assis sur un banc de pierre et frappait du pied la terre avec impatience, lorsque parut sa bien-aimée.

En la voyant, il s'élança vers elle avec un mouvement de joie.

— Enfin, vous voilà ! — s'écria-t-il.

— Oui, mon cher Gaspard, et pour rien au monde je n'aurais manqué de venir ce soir au rendez-vous que je vous ai donné, — répondit Julie avec émotion.

— Qu'avez-vous donc? vous êtes toute tremblante !

— Mon frère a appris, je ne sais comment, que nous nous aimons.

— Quand cela?

— Aujourd'hui seulement. J'ai eu avec lui une assez vive explication, dans laquelle nous nous sommes emportés tous les deux. Il s'est exprimé avec une telle violence que j'ai dû lui rappeler à qui il s'adressait.

— Et qu'a-t-il dit?

— Il s'est apaisé subitement, et s'est retiré. Depuis, j'ai appris qu'il était gravement malade et je crains de l'avoir trop maltraité.

— Pauvre amie !

— Oui, je me sens triste malgré moi.

— Pourquoi? Ne vaut-il pas mieux que cette explication ait eu lieu.

— Certes, car elle me permettra de vous voir désormais sans rougir; j'ai annoncé à Henri notre mariage prochain, et il a fini par se soumettre à ma volonté.

— Alors pourquoi ces craintes?

— Je l'ignore, je ne puis me les expliquer moi-même.

— Allons, chassez loin de votre pensée les noirs fantômes qui l'assiégent, songez à l'avenir et au bonheur qui nous attend! Ah! si vous consentiez à renoncer en faveur d'Henri à ce titre de vicomtesse que votre père vous a légué, toutes ces complications ne seraient point survenues, car je suis sûr que c'est là seulement ce qui réveille l'ambition du baron!

— Vous êtes généreux, Gaspard, mais je
ne veux pas sacrifier l'avenir. D'ailleurs je
connais mon frère mieux que vous encore.
Sans doute, il désire le titre que je porte
mais ce qu'il voudrait, avant tout, c'est la
fortune que je possède, et cette fortune,
qu'il gaspillerait follement et indignement,
je ne veux point m'en dessaisir !

— Je vous comprends, Julie, mais l'avenir m'est témoin que je n'ambitionne pas ce
titre ni cette fortune !

— Et maintenant causons affaires, — dit
la vicomtesse, — m'apportez-vous enfin les
parchemins que je vous ai demandés ?

— J'espérais les avoir depuis hier, et ne
les recevant pas, j'ai envoyé mon fidèle
Mahé les chercher à Nantes chez le procureur
Lanoë.

— Quand reviendra-t-il ?

— Je dois le retrouver ce soir au bout du parc, et il me les remettra.

— Alors vous me les apporterez demain au château ?

— C'est convenu.

— Alors, à demain !

— Quoi ! vous me quittez déjà ?

— Il le faut ! songez qu'à dater d'aujourd'hui vous pouvez venir sans crainte ; soyez indulgent pour Henri comme vous l'avez été déjà, et pardonnez-lui sa brusquerie s'il ne l'a pas entièrement dépouillée.

Le baiser d'adieu fut échangé ; la vicomtesse et Gaspard disparurent chacun de leur côté, puis tout rentra dans le silence de la nuit.

Il y avait une demi-heure à peine que

Julie de Douges avait regagné sa chambre, lorsqu'un coup de feu troubla les échos d'alentour. Le bruit ne parvint pas jusqu'au château qui s'endormit d'un sommeil paisible.

Une heure après, le cadavre du chevalier Gaspard d'Escoublac était transporté au presbytère de l'église de Douges.

Le chevalier avait reçu un coup de pistolet ou de fusil qui lui avait fracassé la tête, il avait été dépouillé de tout l'or qui se trouvait dans ses poches et de tous les bijoux qu'il portait.

Au moment où ce crime s'accomplissait, un homme arrivant de Nantes par une route opposée, entendit le coup de feu et accourut sur le théâtre du crime : à son approche, trois hommes s'enfuirent précipitamment,

abandonnant le cadavre entièrement dépouillé du chevalier. Il aurait certes poursuivi les fuyards bien qu'il n'eût pu les reconnaître, à cause de l'obscurité, s'il n'eût
essayé de donner des soins à la victime.

Il reconnut enfin que ses efforts pour rappeler à la vie le chevalier étaient inutiles,
et il s'éloigna : cet homme était Mahé, le domestique du chevalier.

Lorsqu'il eut fait transporter le corps de
son maître, il se présenta au château de
Douges et eut avec la vicomtesse un entretien qui dura plus de deux heures, puis il
partit.

Le chevalier d'Escoublac fut enterré dans
l'église de Douges.

Quant au baron, après avoir gardé le lit
pendant cinq jours, soigné avec la plus ten-

dre sollicitude par Raymond qui ne le quittait pas plus que son ombre, il fut miraculeusement guéri par maître Fabert, à qui cette cure fit le plus grand honneur.

Le baron jura de poursuivre les meurtriers du chevalier d'Escoublac. Il dirigea lui-même les recherches que l'on fit à ce sujet contre les audacieux voleurs qui avaient commis ce forfait.

Toutes ces démarches furent vaines et les auteurs de ce lâche assassinat ne purent pas être découverts.

# IX


## La famille Mahé.


Bien des années se sont écoulées depuis les événements qui viennent d'être racontés, — poursuivit Georges en continuant sa lecture. — Le temps a glissé sur ce drame, et comme la mer profonde il a refermé ses abîmes sur l'infortuné chevalier d'Escoublac.

Il n'est plus question de ce crime depuis
longtemps déjà, ou si l'on en parle encore,
c'est seulement pour abréger les longues
heures de la veillée, et pour orner l'esprit
des enfants de cette foule d'histoires absurdes auxquelles le dix-neuvième siècle
croit encore dans la province de Bretagne,
comme aux plus beaux temps de la bar-
barie.

Le château de Douges est éloigné de vingt
kilomètres environ de celui d'Escoublac. La
route qui conduit de l'un à l'autre est fort
mal entretenue et fort irrégulièrement tra-
cée. Une foule d'autres très-petits chemins
viennent, en outre, y aboutir à droite ou à
gauche, de sorte qu'il faut absolument avoir
été élevé dans le pays pour en connaître
parfaitement tous les capricieux contours.

A moitié chemin environ de la distance qui sépare les deux châteaux et à deux lieues d'Escoublac, se trouve un port microscopique abrité des vents de Sud-Ouest et de Nord-Est. C'est une baie charmante, ornée d'un sable jaune et fin sur lequel la mer déroule paresseusement les anneaux de ses vagues tranquilles. Ce petit endroit, éloigné de trois kilomètres du port de Saint-Nazaire, à nom Porcé.

C'est un charmant réduit qui n'est absolument visible que de la mer. Quelques arbres agglomérés y déploient leur végétation à l'abri des tempêtes qui sévissent fort souvent dans ces parages; plus d'une grande marée est venue caresser leurs racnies de ses baisers désordonnés. C'est une oasis qui tranche doucement sur les falaises ou sur les

dunes qui l'encadrent, et sur laquelle se re-
pose avec plaisir l'œil du navigateur.

Un calme absolu règne en tout temps
dans ce nid de verdure, il semble même que
l'orage des passions humaines n'ait jamais
dû franchir les limites bien circonscrites
dans lesquelles se trouve étroitement ren-
fermée cette baie tranquille.

A cent pas environ de l'endroit où vient
expirer ordinairement le flot le plus mena-
çant de la marée montante, se trouve, discrètement enfouie, une maison d'un extérieur coquet et dont la propreté intérieure
se traduit au dehors par mille choses frap-
pantes quoique indéfinissables.

Cette maison, composée seulement d'un
rez-de-chaussée surmonté d'un grenier, est
couverte en ardoises, ce qui dénote une

grande aisance, car le chaume est le toit habituel de toutes les chaumières environnantes.

Un des traits saillants du caractère distinctif des habitants de cette maisonnette, c'est que non-seulement ils ne prennent aucune part au *droit d'épaves*, mais encore qu'ils ont protesté en maintes occasions contre ces usages barbares.

La côte de Bretagne, on le sait, est presque entièrement composée de falaises dont les rochers se prolongent parfois fort avant dans la mer. Lorsque l'Océan étend au loin son immensité, les vaisseaux peuvent éviter facilement ces écueils sous-marins, mais il est des endroits où l'espace est rétréci, et où les capitaines, malgré leur connaissance approfondie de l'aire du vent, ne peuvent dominer à la fois, le vent, les flots et le brouillard. Telle est l'embouchure de la Loire à Saint-Nazaire.

La côte n'était pas encore semée, jadis, comme elle l'est aujourd'hui, de phares protecteurs, aussi les naufrages étaient-ils fréquents.

A qui revenaient alors les débris vomis par la mer? Le cordon de la douane n'était pas encore établi pour protéger les naufragés de la dévastation, et les paysans du littoral ne se faisaient aucun scrupule de recueillir avidement tout ce que la tempête leur envoyait. C'était leur droit d'épaves.

Et ce droit était tellement bien établi, c'était à leur point de vue une loi si naturelle que de prendre ce que la Providence leur adressait, qu'il a fallu de longues années pour détruire cette croyance passée à l'état d'article de foi chez les paysans bretons, à ce point que de nos jours, ils ont encore, à ce sujet, une arrière-pensée évidente.

Or ce droit existant, tous les naufrages étaient les bien-venus, et plus il y en avait, plus le droit d'épaves leur rapportait. Quelques enthousiastes, ou pour mieux dire quelques avides, outrepassèrent les limites d'un droit déjà fort équivoque, et cherchèrent à provoquer les désastres que l'humanité leur commandait d'empêcher. Mais si toute bonne chose peut être poussée à l'excès, on comprendra sans peine qu'un abus en vienne là.

Aussi, lorsque sévissait la tempête, quand se déchaînait l'ouragan, lorsque le brouil-

lard étendait son voile de brume épaisse et
confondait ciel et terre dans une teinte
uniformément monotone, les paysans ne
trouvaient-ils rien de plus logique et surtout de plus lucratif, que d'attacher d'énormes fanaux aux cornes de leurs bœufs, afin
d'attirer à eux les vaisseaux en détresse.
Cet horrible et cruel moyen ne réussissait
que trop souvent, si bien que le droit d'é-
paves était devenu pour quelques-uns une
belle et bonne rente qui les faisait vivre
sans effort et même à l'abri des reproches de
leur conscience. Il y avait quelques paysans
qui n'avaient pas d'autre revenu.

C'est contre cette monstruosité que pro-
testaient les habitants de la blanche maisonnette, mais nous devons avouer qu'ils
prêchaient dans le désert, et que l'occasion

se faisait malheureusement rare pour eux, de mettre à exécution les beaux principes qu'ils cherchaient à imposer et dont ils donnaient ouvertement l'exemple.

La maison qu'ils habitaient, enfouie au plus profond de l'étroit vallon que nous avons décrit, était coquettement entourée d'arbres verts sur lesquels tranchait la blan-cheur de sa façade. Un jardin orné de quelques fleurs, mais garni surtout de plantes potagères nécessaires à la vie de chaque jour, s'étendait devant la maison jusqu'au sable de la baie, dont il était séparé par un mur d'un mètre d'élévation surmonté d'une grille de bois peinte en vert. Derrière, s'élevaient orgueilleusement les branches noueuses du chêne et le feuillage touffu des châtaigniers.

Ce charmant *cottage* était habité par trois personnes : le père, la mère et le fils.

L'un de ces personnages nous est déjà connu, il se nomme Mahé, c'est l'ancien domestique de confiance du chevalier d'Escoublac.

Il est mélancoliquement assis dans une immense pièce servant à la fois de cuisine et de chambre à coucher. Une vaste cheminée, dans laquelle flambe un feu de fagots, se trouve au milieu de cette pièce, tandis qu'on aperçoit dans une encoignure, un lit de chêne d'une largeur presque inconnue aujourd'hui, orné de draperies vertes d'une simplicité sévère. Un énorme bahut en bois plein renferme la vaisselle de la famille en même temps que le linge et les hardes.

Aux poutres saillantes, formant le plafond,

sont accrochés quelques jambons aussi res-
pectables qu'appétissants ; la miche de pain
posée sur la table étale orgueilleusement
sa pesante rondeur. Sur une nappe gros-
sière, mais d'une exquise blancheur, sont
dressés les faïences, les pots, les plats et les
assiettes.

Pierre Mahé est assis sur un escabeau de
bois et ses regards sont incessamment tour-
nés vers la porte d'entrée, par laquelle on
aperçoit la baie de Porcé, et au second plan,
la mer.

— Raoul est en retard aujourd'hui, dit-il
à sa femme.

— C'est d'autant plus fâcheux que mon
dîner est prêt. Oh ! le méchant gars ! il sera
donc toujours à courir ! — répond madame

Mahé en continuant les préparatifs de son dîner.

— Et que diable veux-tu qu'il fasse à son âge ?

— Comme s'il ne pouvait pas rester un peu avec nous au lieu d'être toujours dehors.

— Bah ! c'est bon pour une fille, mais vrai Dieu ! il faut qu'un gars se développe. Or l'exercice est une excellente chose, et ce n'est pas moi qui l'empêcherai d'en prendre.

— Si bien qu'un beau jour, il lui arrivera malheur ! Pourquoi ne l'as-tu pas accompagné ?

— Parce que le temps est superbe et qu'il ne court aucun danger.

— Mais s'il tombait du haut des falaises ? — dit la femme avec émotion.

— Tais-toi, Marianne, tu me fais frémir malgré moi avec tes craintes chimériques, — répondit Mahé.

— Comme si cela ne s'était jamais vu !

— Ayons confiance en Dieu, ma femme ! s'il permettait qu'un pareil malheur arrivât, je douterais de sa bonté et de sa justice. Tiens ! que disais-je.

Marianne se précipita, en même temps que Pierre Mahé, au devant d'un jeune homme qui ouvrait en ce moment la porte de la grille d'entrée.

Chacun d'eux l'aida à l'envi à se débarrasser de ses filets et de sa pêche.

— Mais tu es trempé, Raoul ! — s'écria Marianne.

— Vous voulez dire mouillé, ma mère !

— répondit le jeune homme en souriant et en embrassant la vieille femme.

— Va vite te changer, mon gars !

— N'y a-t-il pas de feu dans l'âtre ?

— Et bon feu même, mon fils, — dit Mahé, — viens te réchauffer.

— Le fait est que notre printemps est bien paresseux cette année, — dit Raoul en se secouant comme un terre-neuve qui sort de l'eau, — entrons !

Et il pénétra dans la salle.

Son père et sa mère le suivirent joyeusement.

Mahé roula devant le feu un énorme fauteuil en cuir vert garni de gros clous dorés, le seul qui se trouvât dans cette pièce, et fit signe à Raoul de s'y asseoir.

— Vous plaisantez, mon père ! — dit celui-ci en prenant un escabeau.

— Prends, mon fils ! prends ce fauteuil, je le veux ! — répondit Mahé en insistant auprès du jeune homme.

— Et vous ?

— Moi ! suis-je fatigué, suis-je trempé comme tu l'es jusqu'aux os ?

— Non, non, je suis bien là !

— Assieds-toi vite là dedans, — dit Mahé à son fils, en le prenant par le bras et en le forçant à prendre la place d'honneur.

— Allons ! je me laisse faire ! — dit Raoul en se renversant joyeusement et en allongeant ses pieds devant le feu, tandis que Marianne ajoutait quelques débris de fagot au foyer déjà incandescent.

— Tu as beau dire, — disait Marianne à

demi courbée, — tu finiras par attraper les fièvres.

— Il n'y a pas de danger, mère ! mais vous allez me rôtir ! — ajouta Raoul, en retirant ses jambes qu'il frotta vivement.

— Voyons, mon gars, as-tu fait bonne pêche aujourd'hui ? — demanda Mahé en interrogeant les filets.

— Peuh ! — fit dédaigneusement Raoul.

— Comment ! toi le meilleur pêcheur du pays, qui connais comme pas un les bons endroits ?

— On ne réussit pas tous les jours.

— Mais enfin, qu'as-tu pris ?

— Deux anguilles, une langouste, et une demi-douzaine de soles.

— Eh bien ! mais c'est déjà bien gentil.

Mahé se leva pour aller voir le poisson

que Raoul avait pris, et revint aussitôt.

— Il n'y a rien dans ton sac ! — dit-il d'un air étonné.

— Je le sais bien.

— Qu'as-tu fait de ta pêche ?

— Ma foi ! j'ai rencontré la mère Jeanne, j'ai causé un peu avec elle et comme je sais qu'elle n'est pas heureuse, je lui ai tout donné.

— Tu seras donc toujours le même ! — s'écria Marianne.

— Ai-je donc mal fait ? Aviez-vous besoin de ce poisson ? Manque-t-il quelque chose ici ?

— Ce n'est pas cela, mais...

— Silence, femme ! — dit Pierre Mahé avec autorité ; — Raoul a bien fait, et je lui laisserais faire davantage si nous étions plus riches.

— C'est cela ! qu'il donne tout ce que nous avons !

— Vous exagérez, ma bonne mère, — dit tendrement Raoul.

— J'exagère... j'exagère... — répondit Marianne à demi vaincue par le ton de Raoul.

— Sans doute, et vous me pardonnez, n'est-ce pas ? — dit-il en souriant.

— Je le veux bien, mais alors dînons !

— Oh ! pour cela, je ne demande pas mieux, j'ai un appétit d'enfer !

Et la famille Mahé se mit à table.

— Jeanne ne fait pas comme nous tous les jours ! — dit Raoul.

— Oh ! tu as raison, mon enfant, — répondit Marianne en l'embrassant, — tu vaux mieux que nous !

# X

## La Ménille.

Voilà près de dix-huit ans que Mahé est
venu s'établir à Porcé et qu'il y a fait construire la petite maison qu'il habite, après
avoir acheté et payé le terrain sur lequel
s'élève cette construction.

Mahé et sa femme étaient, nous l'avons

dit, d'anciens serviteurs de feu le chévalier
d'Escoublac ; Pierre avait été destiné, par
son père, sergent aux grenadiers, au service
du chevalier d'Escoublac, tandis qu'il veil-
lerait sur lui au régiment. On sait comment
s'évanouirent tant de combinaisons dé-
vouées, et de quelle façon il fut impossible
à Pierre Mahé de s'opposer à l'odieux assassinat de son maître.

Lorsqu'arriva la mort du chevalier Gaspard d'Escoublac, Mahé quitta le pays avec
sa femme Marianne, et fit une absence qui
dura deux ans. Pourquoi cette absence ? ou
étaient-ils allés ? d'où venaient-ils ? C'est ce
que personne n'avait su dire ; mais au bout
de ce temps ils revinrent dans le pays où
Mahé avait été élevé, sa femme l'accompa-
gnait et portait dans ses bras son jeune fils

âgé de dix-huit mois, et déjà bien fort pour son âge.

Lorsque les paysans virent Mahé s'installer à Porcé, y faire construire une maison, l'entourer de quelques quartiers de terre, acheter des vaches, etc... il se demandèrent d'où pouvait venir à leur camarade une fortune aussi rapide, et à tout hasard ils mirent cela sur le compte d'un héritage qu'il était allé recueillir. On savait également que dans le testament du chevalier se trouvait un article consacré à son ancien serviteur à qui il laissait une rente de cinquante louis. Pierre Mahé devint donc en quelque sorte le plus riche bourgeois des environs; mais les paysans sont si défiants et si superstitieux, qu'ils firent courir les bruits les plus étranges et les plus absurdes sur l'origine d'une aisance qui leur faisait envie.

On parlait tout bas, dans les environs, de cette pauvre Marianne qui avait fait un pacte avec le diable, et qui avait une *Ménille* enfermée dans sa cassette.

La *Ménille*, en Bretagne, c'est une bête quelconque qui représente le diable. Tout le monde l'a vue, mais personne ne s'accorde à lui donner la même forme. Pour le plus grand nombre, c'est inévitablement un chat noir, pour ceux-ci, c'est une grosse mouche noire, pour ceux-là, c'est une énorme araignée toujours noire. Enfin, l'imagination et la peur aidant, on arrive à donner à la *Ménille* des formes plus fantastiques mille fois que celles de toutes les bêtes de l'Apocalypse de saint Jean.

La *Ménille* de Marianne, dûment enfer-

mee dans la cassette, avait pour mission
spéciale, disait-on, de veiller à ce qu'elle fût
toujours remplie d'argent, et ceux qui
avaient pu s'en convaincre par le regard,
assuraient qu'elle n'y manquait pas. Tout
ce que la famille Mahé avait acheté avait été
payé comptant, et tout l'or avait été tiré de
cette même petite cassette. Or, comme elle
ne pouvait pas contenir évidemment tout ce
qu'on en avait retiré, il devenait clair comme
le jour que cette cassette se remplissait à
mesure qu'elle se vidait, comme la poche
d'Isaac Laquedem. Qui donc pouvait toujours la remplir, si ce n'est la *Ménille?* Ce
raisonnement n'était-il pas bien convain-
cant?

Il faudrait pouvoir emprunter, pour le raconter, le ton et l'accent de conviction pro-

fonde avec lesquels cela était répété, pour
s'imaginer à quel point cette croyance sub-
sistait et subsiste encore ; celle-là et bien
d'autres !

Pierre et Marianne connaissaient parfaitement les bruits qui couraient dans le
pays à propos de leur fortune ; mais chose
bizarre, au lieu de chercher à combattre les
préjugés de leurs voisins à ce sujet, comme
ils le faisaient relativement au droit d'é-
paves, ils semblaient au contraire encoura-
ger cette croyance et se contentaient de sourire lorsque leur revenait aux oreilles le
mystère répandu autour de leur bien-être.

Quant à Raoul, il haussait les épaules
avec un mouvement superbe de dédain, de
sorte que la *ménille* pouvait faire des siennes

tant qu'elle voulait au sein de cette famille d'incrédules. ,

Raoul avait été enlevé et avait grandi sous les yeux de Mahé, qui avait eu soin d'éloigner de lui les terreurs et les croyances superstitieuses qu'il aurait pu puiser dans son entourage. Il s'était donné un mal inouï pour faire arriver son fils à un degré d'éducation supérieur à celui qu'atteignaient d'ordinaire, non-seulement les paysans, mais la plupart des riches bourgeois de la province.

Du reste, Mahé n'avait point semé sur une terre ingrate, car l'intelligence de Raoul atteignit bientôt les limites fort étendues du savoir de Pierre Mahé ; celui-ci se plut en outre à l'entourer de livres propres à développer cette intelligence et contribua ainsi,

par une voie détournée, à augmenter encore les germes d'une éducation déjà très-
complète. Du reste, Raoul était une de ces
natures d'élite à qui il suffit d'avoir tracé le
chemin pour qu'elles le suivent d'elles-
mêmes, c'est ce qui arriva.

Il allait atteindre sa vingtième année, et
outre qu'il connaissait à merveille les anciens auteurs, il n'ignorait rien des produc-
tions nouvelles de la littérature du temps ;
il professait pour les grands poètes une ad-
miration que l'on comprendra sans peine,
il s'avisait parfois de déclamer tout haut les
vers qui l'avaient frappé.

Son caractère était essentiellement doux
et serviable ; la petite scène qu'il avait eue
avec sa mère était un exemple frappant de
la bonté de son cœur.

Au physique c'était un des plus beaux garçons que l'on pût imaginer. Il n'avait pas une de ces têtes féminines et sans caractère qui semblent attendre toujours la main du coiffeur pour être complétées ; mais il avait cette mâle beauté qui est le type réel de l'homme si fréquemment dégénéré.

Sa tête noblement supportée par un cou nerveux, ressemblait à ces marbres auxquels David D'Angers a donné tant de vie et de divine poésie. C'était un des types qui se posent carrément et sans effort partout où ils entrent : en le voyant paraître, on comprenait instinctivement qu'il y avait quelque chose sous ce large front orné d'une épaisse chevelure blonde et bouclée ; on subissait involontairement une sorte d'ascendant magnétique qui vous dominait et vous attirait fatalement, c'était une douce violence à laquelle loin de chercher à se soustraire, on se laissait aller paresseusement et avec charme.

Ses yeux noirs protégés par des cils longs et soyeux, avaient dans le regard une profondeur extraordinaire en même temps qu'une douceur étonnante ; mais lorsque ce regard s'illuminait d'un rayon de colère, lorsque l'œil s'agrandissait pour laisser passer les éclairs jaillissant sous les sourcils contractés ; on aurait cru voir le νεφεληγετερα Ζευς d'Homère ; c'était le Dieu du paganisme prêt à punir et à frapper.

Son nez était bien accusé et terminé par deux narines dont la dilatation puissante était l'indice certain d'un courage à toute épreuve.

Sa bouche était petite, et les lèvres en étaient un peu épaisses.

A peine un léger duvet commençait-il à estomper la lèvre supérieure de Raoul, et pourtant sa physionomie avait un tel caractère de force, de courage, de douceur et de confiance, qu'on devinait sous cette enveloppe l'homme déjà mûr pour les orages de la vie, prêt à la lutte ou résigné au repos.

Il ne paraîtra donc pas étrange que Raoul se montrât indifférent et plein d'un profond mépris pour les bruits stupides qui couraient sur sa bonne mère, pas plus qu'on ne s'étonnera de l'incrédulité bien avérée qu'il manifesta, lorsque parvinrent à ses oreilles les visions extraordinaires qui avaient eu lieu au château d'Escoublac.

Nous avons dit que ce château était cons-

truit au bord de la mer à une très-petite distance du village qui porte ce nom.

Or, des habitants affirmaient avoir vu à
plusieurs reprises des lumières circuler la
nuit, derrière les rideaux mal joints garnis-
sant les fenêtres du château, et surtout ils
prétendaient avoir vu tous les ans, dans la
nuit du 19 juin, une illumination éclatante
dans la chapelle du château, et c'était à
cette date que le chevalier avait été assas-
siné.

Il n'était douteux pour personne que l'esprit du feu chevalier ne revînt de temps à
autre, et régulièrement à l'anniversaire de
sa mort. En vain disait-on des prières et ré-
citait-on des messes pour apaiser l'âme du
défunt, les apparitions étaient tout aussi

fréquentes, et la superstition des habitants aussi crédule.

Ce qui contribuait à l'augmenter ; c'est que le propriétaire du château ne l'avait jamais habité depuis le moment où il l'avait acheté, c'est-à-dire quelques jours après la mort du seigneur d'Escoublac.

Il y avait fait à diverses reprises quelques courtes apparitions, il était venu s'assurer par lui-même que les murs étaient en bon état, et chaque fois qu'une dégradation quelconque s'était présentée, elle avait été sur-le-champ réparée, de sorte que le château d'Escoublac offrait au premier coup d'œil un aspect très-magnifique, et qu'on eût pu croire qu'il était encore habité, à voir à l'extérieur l'état de prospérité dans lequel il se trouvait.

Le propriétaire du château, celui qui en prenait si grand soin et dont les rares apparitions étaient si courtes, c'était maître Yvon Lanoë, notaire à Nantes, qui faisait autrefois les affaires du chevalier et chez lequel Mahé s'était rendu le jour qui avait été si fatal à son maître.

En vain quelques paysans armés de courage et la faucille à la main, avaient-ils résolu, à deux ou trois reprises, d'entourer le château d'Escoublac, et d'empêcher par conséquent personne d'y pénétrer ; ils firent sentinelle trois jours durant, et lorsque le 19 juin arriva, les fenêtres de la chapelle ne manquèrent pas de s'illuminer à minuit ; un chant monotone se fit entendre, traversant par intervalles le silence absolu qui régnait aux alentours. A cette vue, le courage des sentinelles s'évanouit, leurs jambes fléchirent sous le poids de leur corps, une panique terrible s'empara des paysans, ils prirent la fuite avec épouvante en faisant force signes de croix pour se préserver des atteintes de l'esprit malin, et les bruits qui couraient déjà n'en acquirent que plus de consistance et devinrent une croyance en-racinée dans les esprits.

M⁰ Lanoë passa, en conséquence, pour avoir acheté le château d'Escoublac d'une manière illégale, et comme il n'en prit jamais possession, il passa également pour avoir été effrayé comme les autres des étran-getés que causait l'âme en peine de défunt Gaspard.

D'autres accusaient M⁰ Lanoë d'ambition, et disaient qu'il n'attendait que le moment de se retirer des affaires pour venir prendre possession du domaine, et jouir en paix d'une fortune mal acquise, en faisant le grand seigneur à bon marché.

Ces bruits étaient fort répandus, comme on le voit, et les habitants de Porcé passaient même pour y ajouter foi, car on avait vu pâlir Mahé au récit de ces bizarres aventures.

# XI

## Comment on devient riche.

Maître Lanoë était-il réellement un ambitieux comme on l'en accusait? Sa physionomie franche et joviale donnait à sa réputation un démenti formel, mais ses débuts dans la vie semblaient venir à l'appui des bruits qui circulaient sur son compte.

C'était certainement l'homme le plus intelligent qui se trouvât dans sa partie, et
l'on pouvait s'en apercevoir aisément au
nombre de ses clients composés de presque
tous les gentilshommes habitant cette por-
tion de la Bretagne. Personne ne pouvait
lui reprocher d'abuser de sa position pour
se faire attribuer des honoraires extrava-
gants, son honnête probité était bien connue, mais cela n'était pas incompatible avec
l'ambition !

Vingt ans auparavant, Yvon Lahoë était
simple clerc chez son prédécesseur, maître
Couëdic, et gagnait à peine de quoi s'entretenir décemment d'habits. Quant à la nour-
riture, il n'avait pas à s'en occuper, puisque, selon l'usage, il était nourri chez son
patron.

Il n'avait pas trop à s'en plaindre, car maître Couëdic ayant remarqué chez son clerc une certaine dose d'aptitude, qu'il s'avouait supérieure à la sienne, lui faisait parfois l'honneur insigne de l'admettre à sa table, en compagnie de sa fille unique, Berthe. Une intimité innocente s'établit rapidement entre les deux jeunes gens. Berthe était toujours seule, ne sortait guère qu'une fois par semaine en compagnie de l'unique servante attachée au service de l'intérieur ; elle ne voyait son père qu'aux heures des repas ; le reste du temps, le bonhomme demeurait enfoui dans ses paperasses.

Les distractions de la jeune fille étaient presque nulles, on le voit, elle se laissa aller sans effort au charme d'avoir quelqu'un

de son âge à qui elle pût sourire, ou avec
qui elle pût causer.

Yvon Lanoë n'était pas précisément joli,
mais il n'était pas non plus précisément laid,
de sorte que Berthe ne voyant autour d'elle
aucun autre visage humain que celui de son
père, s'abandonna sans réserve à contempler Yvon, et s'habitua aisément à le trouver à son goût.

Yvon était un novice garçon de vingt-
quatre ans, qui avait l'œil éveillé, la jambe
assez bien tournée, la taille assez droite,
enfin tout ce qui suffit pour être passable
à un clerc de notaire.

De son côté, il trouvait fort à son goût
les beaux yeux noirs de Berthe, dont le regard l'avait troublé bien souvent pendant
le jour, et l'avait poursuivi jusque dans son

sommeil ; il ne se rendait pas bien compte du malaise, empreint de félicité, qu'il éprouvait auprès d'elle, dans les rares instants de liberté que lui laissait l'absence de son patron. Quant à Berthe, elle ignorait le mal et ne pouvait rien faire pour l'éviter ; il en résulta des conséquences fort graves.

L'occasion se présenta un jour pour Yvon de s'avouer qu'il aimait Berthe, il paraît qu'il osa le lui dire et que... maître Couëdic les surprit dans un tête-à-tête alarmant. Il enjoignit donc à Yvon de quitter son étude avant un mois, et lui défendit sous peine de malédiction de jamais parler à sa fille, ou de lui apporter mille louis, montant de la moitié du prix de sa charge.

Malheureusement, si Lanoë était intelligent il n'était pas riche, et comme l'esprit ne

suffit pas pour forger mille louis en un mois,
il se désola pendant trois semaines en compagnie de celle qu'il aimait et qui se déso-
lait avec lui. Il n'échappa à la malédiction
du père de Berthe que grâce à une prudence exagérée; bref, le mois allait expirer
dans deux jours, lorsque Yvon fut arraché
aux délices de Capoue par une interpellation
brusque qui lui fut adressée par son patron.

— Avancez, monsieur Yvon, — dit le notaire d'un air contraint.

— Qu'y a-t-il pour votre service, patron?

— Tu vas partir à l'instant pour le château de Douges, tu selleras mon fidèle Benoît, et tu remettras à la vicomtesse ce pli
cacheté que je confie à ta loyauté et à ta
prudence. Ce papier est très-important, et
je n'aurais jamais consenti à m'en dessaisir

si je n'étais forcé de rester à Nantes aujour-
d'hui.

— Soyez tranquille, patron,—dit Yvon,—
j'en réponds sur ma tête.

— Tu présenteras mes excuses à la vicomtesse, et tu lui diras combien je suis désolé
de ne pouvoir m'acquitter moi-même de ce
message.

— Je n'y manquerai pas, maître, mais je
vous jure que j'ai à cœur de vous être utile.

— Je te crois, mon garçon, car Berthe...

— Vous me la donnerez, n'est-ce pas, patron ?

— Oui, mon garçon, oui, avec ma charge....

— Oh ! merci.

— Quand tu m'apporteras mille louis.

— Ah! vous m'assassinez, maître Couëdic!

— Va toujours, Yvon, va toujours!

Yvon partit donc la larme à l'œil, enfourcha tant bien que mal le cheval de son maître, et réfléchit, chemin faisant, aux vicissitudes de la vie, aux caprices de la fortune et à cette jolie Berthe qu'il lui faudrait quitter.

C'est en proie à ces tristes idées qu'il arriva au château de Douges, et qu'il pénétra chez la vicomtesse après avoir annoncé qu'il venait de la part de maître Couëdic.

Ce nom avait sans doute un grand prestige aux yeux de la jeune cliente, ou l'affaire pour laquelle Yvon s'était mis en route avait une grande importance, car son attente ne fut pas de longue durée.

— Qui êtes-vous? — lui demanda la vicomtesse.

— Madame, je suis le clerc de maître Couëdic.

— Vous m'apportez des papiers?

— Les voici !

— En connaissez-vous le contenu ?

— Non, madame.

— Bien sûr?

— Oh ! je vous le jure ! — dit Yvon d'un air contrit.

— C'est bien ! si vous êtes un honnête garçon, le ciel vous récompensera.

— Ah ! madame, il aurait fort à faire, — soupira Yvon.

— Qu'avez-vous, mon garçon?

— Rien qui puisse intéresser madame la vicomtesse.

— Qu'importe? Dites.

— Mon Dieu, madame, à quoi bon vous raconter des douleurs qui ne peuvent arriver jusqu'à vous, à quoi bon vous parler des amours d'un pauvre hère comme moi?

— Vous êtes donc amoureux, maître Yvon?

— Hélas! madame la vicomtesse!— s'écria comiquement le pauvre clerc.

— C'est de votre âge, mon ami.

— Je le sais, madame, mais je ne suis pas assez riche pour être amoureux.

— Que voulez-vous dire? Confiez-moi votre roman, j'adore les histoires, et je vous promets de vous protéger, si je le puis.

— Oh! oui, vous le pouvez!

— Alors ce sera la récompense de votre zèle.

— Maître Couëdic, mon patron, a une fille jolie comme les...

— Ah! très-bien, je vois ce que c'est. Vous aimez Berthe ?

— Oui, madame, — répondit Yvon qui se sentait déjà plus de courage.

— Et Berthe vous aime-t-elle?

— Elle me l'a dit, — répliqua modestement le clerc.

— Son père vous la refuse? Il veut la donner à un autre plus riche que vous?

— Tout le monde est plus riche que moi, madame la vicomtesse ; aussi maître Couëdic m'a-t-il signifié que je devais quitter son étude dans deux jours.

— Soyez tranquille, je le verrai dès demain.

— Oh! ce n'est pas tout !

— Quoi encore? il ne se contente donc pas de vous chasser ?

— Non, madame, il me demande mille louis pour épouser Berthe, et avoir sa charge.

— Eh bien, mais c'est un prix fort raisonnable, car sa charge en vaut bien deux mille.

— Je le sais, mais je n'ai pas cet argent-là...

— Et vos parents ?

— Je n'en ai plus, madame.

— Maître Couëdic m'a déjà parlé de vous, il m'en a dit le plus grand bien, vous méritez d'être heureux, vous le serez !

— Qu'entends-je !

— Demain j'irai à Nantes, où j'ai quelques

visites à faire, je verrai votre patron, et je vous promets d'intercéder efficacement.

— Serait-il vrai? — s'écria Yvon sautant de joie.

Il s'aperçut que la vicomtesse souriait.

— Oh! pardon, madame! — fit-il en rougissant, — je manquais au respect...

— Eh! laissez-là le respect, et soyez tout à votre joie, je vous le permets.

— Vive madame la vicomtesse! — s'écria Yvon en se précipitant au dehors.

Et on l'entendait encore, au moment où il enfourchait son bidet, crier : Vive madame la vicomtesse!

Jamais Benoît ne brûla si gaillardement la route qui séparait le château de Douges de la ville de Nantes. Il connaissait fort bien le chemin, il l'avait parcouru cent fois avec cette allure trottinante qui convenait tout au plus à la gravité de maître Couëdic, mais il était stupéfait et indigné de la vitesse que voulait lui imprimer le clerc Yvon. Chaque fois que le fouet s'abattait sur sa croupe étique, il lançait une ruade qui ne parvenait pas à désarçonner son cavalier, car c'est à peine si celui-ci s'apercevait des mauvaises dispositions de sa monture, tant il était joyeux et pressé d'annoncer à Berthe cette grande nouvelle.

Lorsqu'il arriva à Nantes, et qu'il pénétra dans l'étude de son patron, il avait la figure tellement bouleversée que maître Couëdic crut à un malheur, et se précipita au-devant de lui.

— Qu'as-tu fait, malheureux ! — s'écria-t-il.

— Rien ! patron.

— Tu as perdu ces papiers ?

— Non, maître, au contraire, je suis l'homme le plus heureux de France, de Navarre, et de toute la chrétienté.

— Es-tu devenu fou ?

— Non, patron, vous verrez la vicomtesse demain.

— Comment, demain ?

— Vous recevrez la visite de madame la vicomtesse.

— En vérité !... tant d'honneur... pourquoi ?

— Vous verrez... vous verrez !

Et Yvon disparut sans laisser à maître Couëdic abasourdi le temps de se remettre de la stupéfaction où il demeurait plongé.

Il courut chez Berthe, et lui apprit au

milieu de ses transports et de ses embras-
sements, à quelle puissante intercession ils
allaient sans doute devoir leur bonheur ;
elle partagea la joie d'Yvon sans y ajouter
une foi aveugle, mais elle dissimula le scep-
ticisme dont elle était pénétrée derrière les
témoignages évidents d'un amour qu'elle
ressentait, et se résolut à attendre patiemm-
ment au lendemain, puisque la question de
son bonheur devait s'agiter définitivement
ce jour-là.

La vicomtesse arriva le lendemain, fidèle
à la parole qu'elle avait donnée à Yvon.

Maître Couëdic était tellement ému de
l'honneur qu'il recevait d'une semblable visite, le carrosse arrêté devant sa porte avait
fait un tel bruit dans le voisinage, qu'il per-

dait littéralement la tête à s'efforcer d'être agréable à sa riche cliente.

Du reste, le moyen qu'elle employa pour décider le procureur à donner sa fille à Yvon, fut des plus éloquents.

— Faites venir votre fille et Yvon, — dit-elle.

— Qu'il soit fait selon vos désirs ! — répondit maître Couëdic, en appelant les jeunes gens.

Lorsqu'ils furent arrivés dans la pièce où se trouvait la vicomtesse, celle-ci prit la main de Berthe et l'attirant à elle :

— Vous aimez Lanoë? — lui demanda-t-elle tout bas.

— Oui, madame, — répondit sur le même ton la jeune fille en rougissant.

— C'est tout ce que je voulais savoir.

Alors elle se tourna vers le procureur, et lui dit :

— Maître Couëdic, voici deux enfants qui ont grande envie de se marier, il faut bien se garder de les en empêcher.

— Je ne demanderais pas mieux, madame, car on m'offre de m'acheter ma charge deux mille louis, et j'ai promis à Yvon de la lui donner pour mille avec ma fille.

— Vous saviez bien que ce pauvre garçon ne les avait pas, ainsi...

— Mais que faire? C'est ma seule fortune et je ne puis leur donner tout mon avoir.

— Vous avez raison, maître Couëdic, et voici, je pense, une bourse de mille louis qui lèvera tous vos scrupules, et vous permettra de vivre tranquille auprès de vos enfants.

Yvon et Berthe s'étaient précipités aux genoux de leur bienfaitrice, ils lui baisaient les mains et ne trouvaient pas d'expressions pour la remercier ; des larmes de bonheur coulaient des yeux de la jeune fille, dont la joie était d'autant plus grande qu'elle n'avait pas encore osé croire à un dénouement aussi heureux!

La vicomtesse comprit qu'elle devait se retirer, et laisser cette famille se livrer aux transports que sa générosité avait fait naître ; elle le fit avec un tact et une discrétion qui dénotaient en elle l'habitude de faire le bien.

Les arrangements préliminaires du contrat furent bientôt réglés, et trois semaines après, Berthe devenait madame Lanoë, et commençait la vie heureuse et tranquille que l'avenir lui réservait, grâce à la bonté et aux prévenances de son mari.

C'est ainsi que maître Yvon Lanoë était devenu notaire à Nantes, un an avant les événements qui se sont accomplis.

Il se trouva, par hasard, que les bienfaits de la vicomtesse ne firent point un ingrat, et qu'Yvon Lanoë voua, à la noble dame, une reconnaissance qu'il s'efforça de lui témoigner toutes les fois qu'il eut occasion de lui être utile.

# XII

L'abbesse du couvent de Saint-Marc.

Tel était l'homme sur lequel on faisait courir les bruits dont nous avons entretenu le lecteur, et qu'on taxait d'ambition. Avouons du reste, que maître Lanoë achetait chaque année, aux environs du château d'Escoublac, des terres nouvelles qui, depuis vingt

ans, avaient tellement agrandi le domaine,
qu'il était devenu l'un des plus étendus de la
contrée.

Pierre Mahé entretenait avec maître Lanoë
des relations d'amitié fréquentes.

Chaque fois que Raoul allait à Nantes, il
avait chez le notaire une chambre toujours
prête, et Berthe était aux petits soins pour
lui. De son côté, lorsque maître Lanoë venait visiter le château d'Escoublac, il ne
manquait jamais de s'arrêter à Porcé, et d'a-
voir avec Pierre Mahé de longs entretiens
mystérieux, dans lesquels il était souvent
question de la vicomtesse de Douges et du
chevalier d'Escoublac.

Non loin de Porcé, à quelque distance du
château de Kerlédé, dont les tourelles et le
haut du bâtiment ressortaient gracieusement

d'un massif de verdure, se trouvait un couvent de religieuses. Ce couvent n'était pas un de ceux comme on en voyait alors, dans lesquels le luxe mondain avait pénétré en dépit des lois monastiques, et dans l'intérieur desquels le désordre était poussé parfois jusqu'à la licence. La règle de l'ordre était rigoureusement observée, et l'abbesse était, sur tout ce qui touchait à la discipline, d'une sévérité excessive. En dehors de cette volonté ferme qu'elle déployait pour maintenir dans le bon chemin le troupeau qui était confié à ses soins, l'abbesse était d'une bonté et d'une générosité exquises. Elle était entrée comme simple nonne, il y avait vingt ans, dans cet asile de paix pour fuir les orages de la vie qui, déjà, l'avaient assaillie. Elle avait montré un zèle et une piété tellement édifiants, que, de l'avis unanime, on lui avait décerné, cinq ans après, le titre dont elle était investie et dont elle remplissait les fonctions aussi consciencieusement qu'aurait pu le faire la plus sainte de toutes les femmes.

Toujours retirée dans sa cellule, d'une simplicité extrême, on la trouvait toujours à genoux sur son prie-Dieu, adressant au ciel de ferventes prières, et parfois versant d'abondantes larmes. Dans ces tristes moments où la douleur envahissait tout son être et l'étreignait dans ses serres cruelles, des sanglots convulsifs soulevaient sa poitrine, tandis qu'un nom s'échappait de ses lèvres. Cette femme paraissait être âgée de quarante à quarante-cinq ans, ses traits étaient encore d'une régularité parfaite, son teint d'une blancheur éclatante ; pas une ride n'avait sillonné son visage, mais ses yeux noirs étaient entourés d'un cercle bleuâtre annonçant la fatigue et les veilles, et ses cheveux étaient devenus plus blancs que neige, comme on pouvait le voir lorsqu'elle laissait échapper le bandeau qui les retenait.

Sa douleur était sincère, son abattement profond, et ses regards, fixés sur le Christ pendu à la muraille, exprimaient une résignation ascétique et une foi sans bornes.

Ce nom qui sortait de ses lèvres aurait trahi, aux yeux de qui l'aurait connu jadis, le mystère dont elle essayait de s'envelopper; c'était pour lui que ses prières s'élevaient ardemment vers le ciel, et qu'elle implorait la miséricorde divine; si l'âme de Gaspard d'Escoublac était en peine, comme le disaient les bonnes gens, ce n'était pourtant pas faute des vœux ardents de l'abbesse du couvent de Saint-Marc. C'était, en effet, Julie de Douges qui vivait ainsi retirée du monde depuis vingt ans, à la suite du coup terrible qui était venu la frapper dans ses plus chères affections.

Lorsque la vicomteesse s'était trouvée seule au monde en présence de l'affreux événement qui l'avait brisée, après que les recherches faites par le baron son frère furent demeurées infructueuses contre les auteurs de l'horrible attentat commis sur le chevalier, elle se laissa complètement abattre par le revers cruel que son amour venait d'essuyer, et fit appeler dans sa chambre son frère Henri.

Celui-ci se rendit sur-le-champ à l'invitation de la vicomtesse ; il avait le regard calme et assuré, la démarche hardie, et ne pouvait parvenir à donner à son visage l'expression douloureuse de circonstance qu'il aurait voulu emprunter, et qui était loin de son cœur, bien qu'elle se trouvât sur ses lèvres.

— Je suis à vos ordrrs, ma sœur ! — dit-il.

— Je fais aujourd'hui une démarche, Henri, qui vous réconciliera, je pense, avec moi et surtout avec la mémoire de feu notre père.

— Parlez, Julie, mais n'employez pas d'aussi injustes expressions, je n'ai contre vous ni contre la mémoire de celui dont vous parlez, aucun ressentiment, ni aucun fiel au fond du cœur.

— Tant mieux, Henri ! Cependant il m'est revenu aux oreilles des propos qui donnent à ce que vous venez de me dire un éclatant démenti et auxquels, pour votre honneur, j'ai refusé longtemps d'ajouter foi.

— Et qui donc s'est permis ?...

— Pas de colère ni de vaines menaces, Henri, écoutez-moi attentivement ; car je vous le dis, je veux chasser de votre souvenir les injustices que vous prétendez avoir trouvées dans le passé, et vous créer l'avenir rêvé par votre ambition.

— En vérité, Julie, je ne comprends point les paroles que vous m'adressez.

— Il suffit. Je n'ai pas l'intention de discuter sur les mots, je ne vous ai fait venir que pour réaliser le rêve que vous caressez depuis longtemps, je le sais.

— Lequel, chère sœur ? — dit le baron de l'air le plus étonné qu'il sut prendre.

— J'admire votre ignorance, mon cher frère, et si j'avais l'intention de récriminer, je vous en dirais long.

— Sur quoi ? — demanda le baron visiblement inquiet.

— Sur les injustes préventions que vous avez manifestées à mon égard, et que j'avais tout fait pour éloigner de votre pensée.

— Expliquez-vous plus clairement, Julie, — répondit le baron qui commençait à se rassurer, — je ne saurais vous comprendre.

— Vous avez maintes fois accusé la mémoire de mon père, et moi-même, de vous avoir dépouillé d'un héritage qui vous était légitimement dû, — disiez-vous. Ne cherchez pas à protester, — continua Julie sur un signe du baron, — je le sais de bonne source.

— Raymond m'aurait-il trahi ? — pensa Henri.

— Bien que ces allégations m'importent peu, — je n'ai pas voulu, aujourd'hui que mes plus chères espérances se sont évanouies, que le moindre soupçon planât sur les actions de notre père, et j'ai résolu non-seulement de me retirer du monde, mais encore de vous abandonner le titre et la fortune que vous ambitionnez.

— Que dites-vous ! — s'écria le baron contenant mal la joie qu'il ressentait.

— Vous le voyez, mon frère, en dépit de vos dénégations réitérées, vous venez de trahir vos plus secrètes pensées.

— Vous vous méprenez, madame, c'est l'étonnement seul que j'éprouve..,

— Il est inutile de feindre, car je n'en serais pas la dupe, — répondit la vicomtesse avec une nuance de mépris. — Je ne prendrai sur la fortune que nous avons, que la dot qui me sera nécessaire pour entrer au couvent de Saint-Marc.

— Y pensez-vous, ma sœur ! — renoncer à votre âge aux séductions du monde ! Venez à Paris avec moi, madame ; vous y trouverez une foule de moyens d'oublier le coup funeste sous lequel votre âme succombe, — dit hypocritement le baron.

— Mon parti est bien pris, puisque je vous ai fait appeler. — répliqua la vicomtesse.—Dès demain j'aurai la somme dont j'ai besoin et que Lanoë s'est chargé de me procurer ; dans deux jours je serai partie. Vous aurez en même temps entre les mains les actes par lesquels je vous cède la totalité de nos domaines. Je désire que ce renoncement tourne à votre profit, Henri, et surtout qu'il change la manière de voir que vous avez conçue jusqu'ici à l'égard de celui à qui vous devez la vie.

— Je vous répète, chère Julie, que ces insinuations sont fausses et que jamais...

— Ne descendez pas jusqu'au mensonge pour vous justifier, vous n'y arriveriez pas. Il est bien des bruits auxquels j'ai refusé d'ajouter foi, on m'a raconté certains détails auxquels j'aurais frémi de croire, mais ce que je répète, j'affirme que c'est vrai, et je m'étonne que vous n'ayez pas même la franchise d'en convenir.

— J'ignore quels sont les autres bruits auxquels vous faites allusion, dit Henri pâle de rage et de peur, mais si la calomnie a pris soin de me noircir auprès de vous, je souhaite à son auteur de ne jamais sentir le poids de ma justice. Il est une chose indigne et contre laquelle mon cœur se révolte, c'est de voir que vous ayez été accessible aux suggestions d'un étranger, au point de méconnaître le lien qui nous unit l'un à l'autre.

— C'est parce que je ne l'ai point oublié que j'ai refusé de croire à votre infamie, Henri. Vos accusations sont en vérité plus amères que les miennes, — dit fièrement la vicomtesse.

— Eh ! c'est qu'aussi...

— De grâce, taisez-vous si vous ne voulez pas que je me retire. Je ne veux pas vous répéter ce qui m'a été dit, c'est la meilleure preuve que je puisse vous donner que je ne vous crois pas descendu aussi bas qu'on veut bien le dire, puisque vous êtes devant moi et que vous osez me regarder en face.

Le baron était blême, ses dents étaient serrées, ses poings contractés, il ne comprenait que trop les bruits auxquels sa sœur faisait allusion, la peur le gagnait, une sueur froide inondait son corps.

La vicomtesse mit enfin un terme à son supplice en le congédiant.

— Voilà ce que j'avais à vous dire, mon frère, — ajouta-t-elle en finissant. — Je désire que vous prospériez en ce monde, et que vous portiez bien haut le nom sans tache que nous a laissé celui que vous avez taxé d'injustice. Pour moi, j'avais espéré dans cette vie un meilleur avenir que celui auquel je suis vouée maintenant. La main qui m'a frappée a été cruelle, si elle connaissait le bonheur que j'avais rêvé ; si elle l'ignorait, je lui pardonne de grand cœur, mais si elle a voulu le détruire, je la maudis !

La vicomtesse se retira en prononçant ces dernières paroles, et laissa son frère en proie à une stupéfaction profonde. Il comprenait, en effet, que sa sœur avait été mise par une voix quelconque sur la trace du forfait dont il était l'auteur, et dont il recueillait en ce moment le fruit d'une manière inattendue.

Le lendemain, maître Lanoë vint au château de Douges ; il apportait la somme qui lui avait été demandée. Les arrangements qu'il dut prendre avec sa bienfaitrice furent longs sans doute, car il ne reprenait qu'à la nuit le chemin de Nantes.

Deux jours après la vicomtesse quittait le monde, et se retirait à l'abbaye de Saint-Marc. Elle y prononça ses vœux, fut pendant cinq ans, comme nous l'avons dit précédemment, une des plus ferventes sœurs de la communauté, et mérita au bout de ce temps, par sa piété, la dignité qu'elle remplissait alors.

La seule personne qu'elle eût jamais consenti à voir dans sa retraite, c'était Pierre Mahé, l'ancien serviteur du chevalier d'Escoublac. Celui-ci s'était parfois fait accompagner de son fils Raoul qui se tenait à quelque distance, et qui ignorait, sans chercher à s'instruire, en vertu de quel prestige son

père avait le privilége de voir s'ouvrir devant lui les grilles toujours fermées du couvent de Saint-Marc.

[illegible]

[illegible]

[illegible]

[illegible]

XIII

## Les loisirs d'un disgracié.

Grâce à la retraite de sa sœur, Henri de
Douges est donc devenu propriétaire et ti-
tulaire de la riche vicomté, il l'habite rarement, et préfère le séjour de Paris qui faci-
lite davantage les goûts de débauche et d'in-
conduite qui se sont développés peu à peu

au point de devenir chez lui un besoin impérieux.

En vain quelques mères prévoyantes, et convoitant la riche fortune du vicomte, ont-elles essayé de le prendre dans leurs filets et de jeter dans ses bras quelque héritière nécessiteuse ; il a toujours échappé à ces piéges grossiers, et préféré la liberté de ses allures aux chaînes d'un hymen hasardeux. Pourtant le mariage était, à cette époque, un lien tellement nécessaire, qu'il n'aurait pu, sans se faire montrer au doigt, continuer à la cour de France la vie licencieuse qu'il avait menée jusque-là. Ce n'était pas les mauvais exemples qui lui auraient manqué s'il en avait eu besoin pour s'émanciper à l'aise.

Ce qu'il y avait, au fond, de vrai dans le

célibat du vicomte, c'est qu'il n'avait pas trouvé de femme capable de lui inspirer assez d'amour pour l'attacher à son char. La possession tue souvent le désir, c'est ce qui était arrivé pour lui. Sa fortune et son élégance lui avaient fait trouver peu de rebelles, et il en était arrivé, à l'âge de quarante-trois ans, à demeurer insensible à ces préludes enchanteurs qui accompagnent un amour naissant, pour se jeter brutalement dans le seul plaisir des sens.

En outre, comme le vicomte était un courtisan habile, il avait compris que ce n'était pas autour du chef de l'État qu'il fallait graviter, et après avoir servilement flatté un ministre disgracié, il s'était fait à cette époque le partisan de son successeur, semblable à ces plantes qui se tournent sans cesse du côté du soleil. Il était donc fort bien en cour, lorsque une disgrâce subite, échappée à un caprice du premier ministre, ou occasionnée par une maladresse qu'il avait commise à son insu, vint le rejeter piteusement dans les ornières de la vie de province et fermer à son ambition inassouvie la carrière des honneurs qu'il avait rêvé de parcourir.

Un beau matin qu'il allait faire sa cour, comme tant d'autres, dans l'antichambre du ministre, celui-ci l'aperçut confondu dans la foule des plats courtisans qui l'assiégeaient :

— Vous voilà, vicomte ! — dit-il.

— Aux ordres de monseigneur.

— Vous avez, m'a-t-on dit, de fort belles propriétés en Bretagne ?

— Oui, monseigneur.

— Il y a longtemps que vous n'êtes allé dans ce pays, je crois ?

— Il y a, en effet, quelques années.

— Eh bien ! je suis convaincu que l'air vif de cette contrée vous ferait grand bien ; il faut y aller.

— Comme il plaira à monseigneur, — répondit le vicomte en souriant amèrement.

— Vous pourriez partir aujourd'hui ou demain, — lui dit le ministre.

Henri de Douges s'inclina.

— Vous y resterez jusqu'à ce qu'il plaise au roi de vous rappeler.

Le ministre continua sa route, adressant çà et là quelques bienveillants sourires, ou se détournant à dessein, suivant le degré d'estime où il tenait ces courtisans.

Le vicomte de Douges était resté pétrifié
en présence de la manifestation évidente de
la disgrâce qu'il venait d'encourir. Ceux qui
tout à l'heure lui tendaient la main se reti-
rèrent de lui comme un pestiféré, il resta
seul à réfléchir sur l'origine de cette excessive sévérité, et sur le motif qui avait pu
l'amener.

Lorsqu'il releva la tête, il comprit, au
vide qui s'était fait autour de lui, que son
malheur était avéré, et il dut se résigner à
faire les préparatifs de départ nécessaires. Il
savait combien il eût été imprudent à lui de
rester un jour de plus que le ministre ne le
lui avait accordé, et il n'avait pas envie de
voir s'ouvrir devant lui les lourdes portes
d'une prison.

Lorsqu'il arriva chez lui, le vicomte avait

l'air si consterné en se laissant tomber dans le fauteuil qui lui tendait les bras, que son majordome en fut alarmé.

Ce majordome n'était autre que Raymond qui avait acquis, avec vingt années de plus, une rotondité respectable, et dont la face enluminée resplendissait plus que jamais des tons les mieux colorés des différents crûs qu'il affectionnait.

Raymond, qui avait été laid jadis, était maintenant devenu hideux. Sa peau rougeaude luisait absolument comme si elle eût été enduite d'une couche d'huile ; ses joues replètes retombaient mollement sur chacune de ses épaules, il ressemblait beaucoup à une énorme vipère gonflée de venin.

La paresse dans laquelle il s'abrutissait et

à laquelle il ne renonçait que pour se livrer aux charmes d'une savante ivrognerie, l'avait rendu lourd et épais ; on eût dit d'un malade attaqué de l'*éléphantiasis*. A cela près, Raymond était toujours le même homme que nous connaissons, toujours disposé à rendre service à son maître quand il y avait de l'argent à gagner. C'était lui qui, sous un nom d'emprunt, avait, pendant le séjour à Paris, prêté de l'argent à son maître à des intérêts fabuleux. Or, comme Raymond savait exactement l'époque à laquelle le vicomte touchait ses revenus, il intercédait toujours en faveur de *son ami* et rentrait dans ses avances, grossies de l'intérêt qui avait été stipulé.

Encore quelques années, et Raymond aurait pu devenir un gros financier comme tant d'autres ; mais à défaut d'amitié pour son maître, il avait contracté une telle habitude de vivre avec le vicomte, qu'il ne pouvait se décider à le quitter, malgré l'honnête fortune dont il jouissait, et dont lui seul connaissait le chiffre.

— Qu'avez-vous, monsieur le vicomte? — demanda-t-il avec inquiétude.

— Ah ! mon pauvre Raymond ! — dit celui-ci en relevant la tête, — je suis perdu.

— Qu'est-il arrivé?

— Le ministre, que j'ai toujours servi fidèlement, vient de me signifier mon exil de la cour.

— Et cela vous étonne?

— Oui, car je n'ai rien fait pour le mériter.

— Oh ! que vous êtes naïf ! Peut-être l'avez-vous trop bien servi et veut-il se défaire d'un témoin gênant. Félicitez-vous donc de n'avoir pas à gémir dans quelque bon cachot ou même...

— Chut ! Tais-toi, malheureux ! Si l'on t'entendait !

— Croyez-moi, monsieur le vicomte, ne perdez pas de temps, et ne restons pas davantage à Paris. Aussi bien, l'air y est malsain, et je ne serais pas fâché de me retremper aux bourrasques de notre chère Bretagne.

— Il le faut bien ! morbleu !

— Que voulez-vous ! Il faut prendre de tout son parti gaiement. Nous serons fort bien là-bas, l'air y est vif et nous donnera un appétit dévorant, votre vin blanc est délicieux, les jolies filles ne vous manqueront pas, et ma foi...

— Tu as parbleu raison, — dit le vicomte en se levant précipitamment, — va préparer tout pour notre départ, qu'on attelle des chevaux à ma chaise, et que dans deux heures nous prenions la route de Douges.

— A la bonne heure, ventrebleu ! Courage et bon espoir ! Le ministre vous rappellera tôt ou tard et vous reviendrez plus puissant que jamais, car alors il aura besoin de vous.

— Et je ferai mon prix, je te le promets !

— Oh ! méfiez-vous ! Il est plus fin que vous, il ne lui en coûte pas de promettre, mais quant à tenir, c'est une autre affaire !

— Eh bien ! je me ferai donner d'avance.

— Voilà qui sera bien quand nous en serons là. Pour le moment, je vais faire préparer vos hardes, régler les comptes des valets que nous allons congédier, et nous partirons sur-le-champ.

— Dépêche-toi !

— Soyez tranquille, je n'ai pas envie que nous soyons emprisonnés.

Et Raymond agita ses gros membres et fit rouler sa masse replète avec une vivacité bien rare chez lui. Comme on le voit, Raymond s'exprimait à la première personne du pluriel en parlant de son maître. Il s'était tellement identifié au vicomte, qu'il ne songeait pas un instant qu'on pût séparer ses intérêts de ceux de son noble seigneur.

Deux heures après, la porte de l'hôtel du vicomte de Douges, situé place Royale, se refermait derrière la chaise qui disparut rapidement.

Le vicomte était mélancoliquement renversé sur les coussins de la voiture ; la masse plantureuse de Raymond s'étalait monstrueusement sur le devant.

C'est ainsi que de cahots en cahots, le vicomte et Raymond arrivèrent au château de Douges. L'enthousiasme des serviteurs n'ayant pu être commandé fut on ne peut plus modéré, et l'entrée triomphale des exilés dans le château, horriblement mesquine.

Le chien de garde eut même l'indélicatesse d'aboyer après ces intrus.

Il y avait déjà quatorze mois que le vicomte de Douges menait la vie de province de la façon la moins monotone qu'il pou-

vait trouver; il chassait aujourd'hui, chassait le lendemain, et mangeait sa venaison
le troisième jour avec quelques hobereaux
enchantés d'une si bonne aubaine.

Bref, le vicomte s'était fait une petite cour
qui le flattait, le cajolait, l'adulait sous toutes
les faces.

Raymond menait à l'office la même vie
que son maître, et avait soin que le vin blanc
du château ne restât pas trop longtemps en
vidange.

Il s'était fait le courtier galant du vicomte, pour le compte duquel il raccolait
les filles de bonne volonté, lorsqu'il se sentait en verve.

Ce métier peu honorable, mais toujours
lucratif, le mettait en appétit, et lui faisait

prendre suffisamment d'exercice pour le mettre en goût de gourmandise.

Un petit accident vint refroidir momentanément le zèle de l'infortuné Raymond.

Un jour qu'il était en quête d'un gibier tout nouveau, et qu'il parlait de trop près à une jeune fille des environs, le père, qui surveillait depuis quelque temps les allures équivoques de ce gros papillon, se cacha discrètement derrière un arbre, au moment où le grison du vicomte venait de faire encore un pas dans le cœur de la donzelle, grâce aux fanfreluches de toute nature qu'il lui donnait au fur et à mesure.

Au moment où Raymond s'en allait en vainqueur, le jarret tendu, les yeux brillants comme un paon qui fait la roue, le père malappris s'avisa de distribuer à ce monstrueux séducteur une volée de bois vert si bien appliquée, que malgré la couche de graisse dont il était enveloppé, il poussa des cris aigus de douleur.

Raymond rentra tout meurtri au château, prétexta une chûte qu'il avait faite, et se fit onctueusement bassiner avec du vin chaud. Il ne raconta qu'à son maître la mésaventure dont il avait été victime, mais la vengeance du vicomte n'eut point cours contre l'auteur d'un attentat qui lui avait prêté à rire.

A dater de ce jour, Raymond devint plus circonspect dans ses amoureuses équipées, et il attendit avec impatience le jour où finirait cette corvée dont ses épaules avaient conservé un si cuisant souvenir.

# XIV

## Le château de Kerlédé.

Ce jour tant souhaité par Raymond arriverait-il jamais? L'inconstant vicomte prendrait-il dans son exil le parti de se fixer? L'amour viendrait-il enfin planter sa triomphante bannière dans le cœur du grand seigneur disgracié?

Raymond comptait pour cela sur les en-
nuis de la vie de province, sur la monoto-
nie de l'existence de son maître, mais il
attendait encore et soupirait profondément
chaque fois que le vicomte l'envoyait en expédition, et réveillait le zèle endormi de son
serviteur.

Henri de Douges s'égarait çà et là de
temps à autre dans les châteaux environ-
nants, voisinant à foison, toujours sûr d'être
bien accueilli, grâce à son titre et à sa fortune, et il arrivait ainsi à tuer le temps.

Depuis quinze jours surtout les visites
du vicomte étaient devenues fréquentes au
château de Kerlédé. Ce château, situé à
quelques minutes du couvent de Saint-
Marc, à une demi-heure de chemin de Porcé,
n'avait pas à vrai dire les apparences sei-

gneuriales des manoirs de Douges et d'Escoublac, situés tous les deux au sommet
d'une colline.

Le château de Kerlédé, bâti sur le versant d'un coteau d'où l'on découvrait parfaitement la mer, étalait sa blanche façade
dans la direction de l'Océan. L'œil du voya-
geur l'apercevait de loin, encadré d'un
feuillage épais, dans lequel il semblait se
plonger délicieusement pour se préserver
des ardeurs du soleil trop brûlant. On sentait régner autour de lui une atmosphère
de fraîcheur, de paix et de tranquillité qui
réjouissaient le cœur.

L'avenue qui y conduisait et qui abou-
tissait à la route de Guérande, était ombragée d'arbres touffus. Des chênes, des
châtaigniers, des noyers, plantés de distance

en distance, formaient un berceau naturel sous lequel on désirait instinctivement pénétrer.

Au bout de l'avenue s'ouvrait une superbe grille en fer merveilleusement forgé, ornée sur ses côtés de mille branches capricieuses entrecroisant dans tous les sens leurs pointes aiguës, et rendant l'escalade difficile aux voleurs ou aux amoureux. Un mur peu élevé, mais protégé par une haie vive, et entouré d'un fossé suffisamment profond, servait de ceinture au parc du château.

Outre que son peu d'élévation n'arrêtait point la vue et laissait découvrir la pelouse verte qui s'étendait devant le château, le fossé était un rempart suffisant contre l'indiscrétion, ou contre les tentatives qu'on aurait pu vouloir effectuer.

Ce château n'est habité que par trois personnages, le père, le fils et la fille.

M. Jean-Georges de Kerlédé est un homme
de soixante ans environ, ancien gentilhomme
de la chambre du roi. Il était veuf depuis
longtemps, lorsque mourut le roi, et n'avait
qu'une fille et un fils.

Quand il devint libre de sa personne, il
quitta la cour et vint se retirer dans son
château de Kerlédé, emmenant avec lui son
fils Hector et sa fille Blanche, et une gouvernante qui avait été choisie dans le temps
par sa propre femme.

Cette gouvernante avait autrefois appar-
tenu à la vicomtesse de Douges, avant qu'elle
ne se retirât au couvent de Saint-Marc, et
avait été spécialement recommandée par
elle à madame de Kerlédé, son amie, qui

s'était empressée d'accueillir la jeune fille. Elle se nommait Marthe, et pouvait avoir trente-cinq ou quarante ans. C'est pour elle que nous avons vu soupirer Raymond sous les ombrages du parc de Douges, quelque vingt ans auparavant.

Cet amoureux ivrogne essaya bien de séduire Marthe, il se serait même résigné à l'épouser, mais ses hommages avaient été si mal accueillis qu'il avait dû enfin y renoncer. En vain avait-il voulu faire briller aux yeux de celle qu'il aimait la fortune ronde-lette dont il était possesseur, Marthe lui avait témoigné un tel mépris, il lui était échappé des mots tellement significatifs sur l'origine de cette richesse, que Raymond jugea prudent de faire comme le colima-çon. Il rentra dans sa coquille, et s'il fit encore quelques tentatives, il ne sortit pourtant pas de son retranchement, jusqu'à ce que la retraite de la vicomtesse ayant entraîné le départ de Marthe, mit fin à cette petite guerre, où l'on attaquait timidement une citadelle bien décidée à ne pas se rendre.

Depuis cette époque, Marthe n'avait pas cessé de rester auprès de madame de Kerlédé, et lorsque celle-ci vint à mourir, son mari éleva Marthe à la dignité de gouvernante et lui confia sa fille. Elle s'acquitta de cette mission non-seulement avec zèle, mais encore avec un dévouement presque maternel, et afin de prouver à Blanche la reconnaissance qu'elle avait pour ses parents, elle se résolut, en dépit d'une foule de séductions, à coiffer sainte Catherine pour

rester auprès d'elle tant que le ciel le per-
mettrait.

M. de Kerlédé, témoin de l'affection toute
particulière témoignée par Marthe à sa fille,
se reposa entièrement sur elle des soins de
l'intérieur de sa maison jusqu'à ce que
Blanche fut en âge d'en prendre elle-même
la direction.

Jean-Georges de Kerlédé était un homme
de haute stature, portant ses soixante ans
avec la force et la majesté d'un vieil arbre
qui porte ses fruits. Son extérieur était af-
fable, ses cheveux étaient presque blancs,
sa moustache et sa royale étaient encore
complètement noires, ce qui donnait à sa
physionomie un air de force et de santé.

Son caractère était au fond souveraine-
ment bon; mais soit que les chagrins l'eus-

sent amolli, soit que son séjour prolongé
à la cour eût eu quelque influence sur lui,
ce caractère était un peu faible, malgré les
accès d'énergie qu'il déployait parfois. Et
comme il avait vieilli près du trône, il conservait toujours le plus profond respect
pour tout ce qui jette quelque éclat en ce
monde, et ne pouvait se défendre d'être vivement influencé par l'éclat mensonger des
pompes d'ici-bas.

En cela, son fils Hector ne lui ressemblait
guère; il était de la génération nouvelle
dont la littérature naissante avait développé
les idées généreuses, et comme il n'avait jamais vu la cour, il n'avait eu aucune raison
pour étouffer ces idées.

Plusieurs personnes sont réunies sur la
pelouse qui étend devant le château son

manteau vert émaillé de fleurs discrètes. Les conversations d'abord solitaires se sont généralisées peu à peu, on parle des bruits qui circulent dans le pays à propos du château d'Escoublac.

— Vous avez beau dire, cher vicomte, — dit M. de Kerlédé en riant, — il est certain que l'âme du feu chevàlier est fort en peine.

— Et vous avez beau vouloir me convaincre, chevalier, — répond le vicomte, — je n'ajouterai jamais foi à de pareilles absurdités.

— Les témoins ne manquent pourtant pas.

— Bah ! des visionnaires !

— Je vous affirme pour ma part l'avoir vu de mes propres yeux.

— Mais enfin que prétend-on en conclure? Car il n'est pas un de vous ici qui puisse attribuer de semblables enfantillages à des causes surnaturelles. J'ai entendu parler déjà à deux ou trois reprises de ces étranges apparitions, mais je n'y avais pas prêté la moindre attention.

— Pour ma part, — dit Hector, — je vous garantis avoir vu de mes yeux, il y a bientôt deux ans, la chapelle du château d'Escoublac parfaitement éclairée.

— Je ne prétends pas mettre en doute votre témoignage, — répondit le vicomte; — mais cela ne parviendra pas à me convaincre.

— Tenez, vicomte, voici un de mes camarades qui a toujours habité le pays. C'est un garçon qui est fort et vaillant; je l'ai vu à l'œuvre ; il a une éducation supérieure, un caractère bien trempé, interroges-le.

Et Hector de Kerlédé désignait en ce moment un beau jeune homme qui causait à quelques pas de là avec mademoiselle Blanche.

— Quel est ce jeune homme ?

— Un de mes bons amis, monsieur le vicomte, à qui ma sœur doit la vie, et qui m'a donné le mois dernier une telle preuve d'amitié, que c'est entre nous à la vie, à la mort.

— Comment se nomme-t-il ?

— Raoul, — cria Hector, — viens ici !

Raoul se retourna et s'avança vers le groupe déjà formé dans lequel se trouvait le chevalier de Kerlédé, son fils, et le vicomte.

— Oh ! c'est singulier ! —laissa échapper
le vicomte.

— Quoi donc ? — demanda Hector.

— Rien ! — dit Henri de Douges qui pâlissait malgré lui.

— Mais qu'avez-vous ?

— Oh ! ce n'est rien… un étourdissement !
il fait une telle chaleur !

— Hum ! notre mois de juin ne s'annonce
pas d'une façon brillante !

— Que me voulez-vous, messieurs ? —
demanda Raoul avec une politesse exquise.

— Est-il gentilhomme ? — demanda tout
bas le vicomte à Hector.

— Non, — répondit celui-ci sur le même
ton ; — mais je le tiens pour le plus honorable, le plus brave et le plus dévoué de tous

les hommes. Il a le sang aussi noble qu'aucun de nous.

— Quel est son autre nom ?

— Raoul Mahé.

— Mahé ! — dit le vicomte parfaitement
remis de son émotion et paraissant chercher
dans ses souvenirs.

— Le connaîtriez-vous ?

— Pas le moins du monde !

— Figurez-vous, mon cher Raoul, — dit
Hector, — que M. le vicomte de Douges, à
qui j'ai l'honneur de vous présenter, refuse
d'ajouter foi aux bruits qui circulent dans la
contrée sur le château d'Escoublac ; je lui
affirmais, pour ma part, avoir vu ce phénomène bizarre, et malgré cela, il n'est pas
convaincu.

— Monsieur le vicomte est un esprit fort,

— dit Raoul en souriant, je l'en félicite. Quan à moi, je ne puis que joindre mon faible témoignage au vôtre, mais je n'ai pas la prétention de convertir un incrédule.

— Y croyez-vous, jeune homme? — demanda le vicomte.

— A quoi?

— Aux promenades de l'âme du chevalier.

— Certainement non.

— Alors, à quoi attribuez-vous ces fantastiques lumières qui traversent la nuit?

— Je ne me suis jamais donné la peine d'en rechercher la cause.

— Pourquoi?

— Parce que cela ne me regarde pas, et surtout parce que cela ne fait de tort à personne.

— Il me semble pourtant que vous auriez quelque intérêt à savoir à quoi vous en tenir.

— Dans quel but ?

— Mais dans celui de dissuader les paysans trop crédules.

— Ce serait parfaitement inutile.

— Comment ?

— Parce qu'on n'y arriverait pas. C'est une croyance tellement ancrée chez eux et qui rentre si bien dans leurs idées, qu'ils ne se rendraient pas à l'évidence, lors même qu'on la leur ferait toucher du doigt. Le paysan breton est, comme tous les autres, malin et défiant. Il ne manquerait pas de dire que c'était un piége tendu d'avance pour le tromper, mais auquel il refuserait de se laisser prendre.

— Vous avez raison, je le crois, pourtant

il serait bon de savoir à quoi s'en tenir. Ce château appartient, m'a-t-on dit, à un notaire de Nantes.

— A maître Lanoë.

— C'est bien cela. Il ne l'habite pas ?

— Pas encore.

— Croyez-vous qu'il consentirait à m'y laisser pénétrer ?

— J'en suis certain, mais quand ?

— N'est-ce pas le 19 juin que revient l'âme du chevalier d'Escoublac ?

— C'est, en effet, dans la nuit du 19 au 20.

— Eh bien ! veuillez me procurer pour cette date les clefs du château, et je me fais fort de vous donner le lendemain le mot de cette énigme.

— Je m'y engage formellement, monsieur le vicomte, — répondit solennellement Raoul.

— Dans trois jours je vais à Nantes, et dans huit jours je tiens à votre disposition toutes les clefs du château.

— C'est entendu ! — dit le vicomte en souriant.

— Je vous accompagnerai, si vous le désirez, — dit Hector.

— C'est inutile, mon ami, je viendrai bien à bout d'une ombre, s'il n'y a que cela ; s'il s'agit, comme je le pense, de quelque nid de fraudeurs, je saurai bien le découvrir, et j'ai une excellente paire de pistolets pour leur faire entendre raison.

— Je vous souhaite bonne chance, — dit Hector, — et suis toujours à votre disposition.

— Encore une fois, je vous remercie.

La conversation tomba tout à coup, et chacun se sépara, en proie à une impression pénible dont il ne se rendait pas compte, mais qui résultait certainement du projet étrange conçu par le vicomte de Douges.

# XV

**La bonne demoiselle.**

Blanche de Kerlédé n'avait pris aucune part à la conversation qui venait d'avoir lieu, mais bien qu'elle eût paru y rester étrangère, elle n'en avait pas perdu une syllabe.

Lorsque le groupe se dispersa, Hector et

Raoul se rapprochèrent de Blanche, et ils s'éloignèrent tous les trois dans l'intention évidente de faire une promenade dans le parc.

Lorsqu'ils furent à une distance suffisante pour n'être entendus de personne, Blanche laissa échapper brusquement l'expression des idées qui l'assiégeaient.

— Comment se fait-il, messieurs, — dit-elle, — que vous laissiez au vicomte le soin de désabuser le public sur les fables qui circulent, et que vous-même trouvez ridicules?

— Pourquoi veux-tu que nous l'en empêchions? — demanda Hector à sa sœur.

— Il me semble que s'il y a un danger à courir, c'est à vous qu'il appartient de le braver. Vous êtes jeunes, vous êtes courageux ; et vous vous croisez les bras lorsqu'un homme de l'âge du vicomte propose lui-même de s'exposer !

— Mon Dieu, mademoiselle, — répondit Raoul; — croyez bien que s'il y avait quelque danger à courir, je serais allé au-devant depuis longtemps. Je connais parfaitement le château d'Escoublac, je l'ai visité maintes fois en compagnie de mon père et de maître Lanoë qui en est le propriétaire ; je n'ai jamais rien remarqué qui pût m'alarmer. L'intérieur du château est en aussi bon ordre et en aussi bon état que s'il était habité, tout y est à sa place, depuis la plus futile chose jusqu'à la plus importante.

— Raison de plus pour ne pas laisser au vicomte la gloire d'une expédition qui fera du bruit et qui lui fera beaucoup plus d'honneur qu'elle ne mérite.

— Eh ! mademoiselle, laissez le vicomte
donner tant qu'il le voudra des coups d'épée
dans l'eau. Auprès de qui retirera-t-il donc
si grand profit de son entreprise? Ce n'est
pas auprès des paysans, qui refuseront d'y
ajouter foi ; ce n'est pas auprès de nous,
qui savons à quoi nous en tenir sur cette
bravade.

— Comment le savez-vous ?

— Je vous répète que j'ai vingt fois parcouru le château sans y remarquer le moindre désordre. Une fois même j'ai laissé ma
bourse pleine d'or sur la table du grand
salon, et je l'ai retrouvée intacte deux mois
après. Vous voyez donc bien qu'il n'y a
aucun génie malfaisant, et que si c'étaient
des voleurs ou des contrebandiers, ils n'auraient pas négligé de ramasser cet argent.

— N'importe, à votre place, j'aurais devancé le chevalier, — dit Blanche avec dépit.

— Tu es folle, — lui dit Hector en riant.

— Écoutez, mademoiselle, — dit Raoul, dont la voix tremblait, — je ne sais ce qui peut vous faire croire à ce point au caractère chevaleresque du vicomte, mais je vous jure que, si son expédition lui est fatale ou s'il n'en revient pas, je me mettrai à sa recherche ; et malheur aux hommes ou aux esprits ! En aurai-je moins de mérite à vos yeux ? — continua-t-il en jetant sur elle un regard brillant de courage et de volonté.

— Je n'ai pas dit cela, Raoul, et je m'en tiens aux excellentes raisons que vous m'avez données, sans croire davantage à l'héroïsme du vicomte. Quant à votre courage, nous sommes, mon frère et moi, payés pour y croire d'une manière irrécusable...

— Oh! mademoiselle! — balbutia Raoul confus.

— Nous sommes vos obligés, Raoul, et je me plais à le proclamer, afin que vous sachiez bien que Blanche de Kerlédé vous tendra toujours et partout la main, comme au plus noble et au plus désintéressé des hommes.

Raoul se précipita à genoux sur la main que Blanche lui avait tendue, et y déposa un baiser brûlant, de reconnaissance probablement.

Quant à Hector, il baisa sa sœur sur le front en s'écriant :

— Je te retrouve, enfin ! Voilà qui est bien parlé !

Et il donna en même temps à Raoul une cordiale poignée de main.

C'était un ravissant tableau à contempler que ces trois jeunes gens, presque du même âge, unis à la fois par l'amitié et la reconnaissance.

— Sachez, — poursuivit Hector, — que je ne serai heureux que le jour où je pourrai reconnaître tout ce que vous avez fait pour nous, mon cher Raoul; si jamais l'adversité vient frapper à votre porte, — et que Dieu vous en préserve! — venez me trouver hardiment, comme si j'étais votre frère; vous savez que c'est dans le malheur que l'on reconnaît les amitiés sincères.

— Merci, mes bons amis, — répondit Raoul d'une voix émue, tandis qu'une larme de bonheur était suspendue à ses longs cils;

mais ne me faites pas un si grand mérite d'une action toute simple, et que vous-même auriez accomplie à ma place. D'ailleurs, — poursuivit-il en soupirant, — je ne suis pas de votre monde, et suis tout au plus votre humble serviteur...

— Halte-là, Raoul! — dit Blanche, — vous êtes plus noble par le cœur qu'aucun homme issu du sang des rois, vous êtes gentilhomme par le fait autant que le plus titré qui soit au monde...

— Et si vous n'êtes pas gentilhomme, mon cher, vous devriez l'être! — ajouta Hector en forme de péroraison. — En attendant, sachez que vous êtes ici chez vous, que vous pouvez y venir tant qu'il vous plaira, et même, — ajouta-t-il en souriant, — n'oubliez pas que vous formez un élève.

— C'est vrai, — répondit Raoul.

Et tous trois reprirent en riant la promenade un instant interrompue.

La taille svelte et élancée de Blanche disparut dans les profondeurs de la charmille, encadrée pour ainsi dire par Raoul et par Hector, qui marchaient de chaque côté d'elle, et dont la stature plus élevée ressemblait à celle de deux cariatides destinées à la protéger de tout accident.

Blanche allait avoir dix-huit ans. Elle était dans cet âge plein de charmes où la jeune fille s'est développée, et a complètement dépouillé l'âge ingrat pour entrer dans celui de la femme.

Ses cheveux, noirs et abondants, tombaient en petites boucles légères sur un beau front. Ses yeux bleus et ombragés de

longs cils, laissaient échapper un regard
plein de douceur et de dignité. Elle avait
une façon telle de plonger ses regards qu'il
semblait que son œil eût voulu fouiller au
plus profond du cœur. Bien peu pouvaient
supporter la franchise et l'investigation
indéfinie qui étaient empreintes au fond de
ses prunelles. Son nez, admirablement mo-
delé, tombait droit sur une bouche petite,
dont les lèvres étaient rouges et bien rem-
plies. Lorsque le sourire venait les entr'ouvrir, il découvrait une rangée de dents
admirablement placées et d'une blancheur
nacrée, tandis qu'un coin de sa bouche se
relevait finement, trahissant la malice prête
à s'en échapper. Son menton petit et rond,
orné d'une fossette, terminait purement l'o-
vale de sa figure.

Son teint était d'une blancheur qui ressortait d'autant plus que les cheveux, les sourcils et les cils étaient noirs comme l'aile du corbeau, son cou s'inclinait légèrement en avant avec une grâce pleine de charmes ; ses épaules, bien développées, faisaient valoir sa taille élancée. Sa démarche, fière et assurée, révélait des contours dignes du ciseau le plus habile.

Elle avait en outre un intarissable fond de gaîté, qu'elle savait pallier quand il le fallait par la plus froide dignité, de telle sorte qu'il devenait impossible de se familiariser avec elle plus qu'elle ne voulait le permettre, et qu'on ne pouvait pas non plus la traiter comme un enfant.

Son éducation aura laissé à désirer dans le siècle où nous vivons ; mais son père avait eu soin de lui inculquer avant tout les principes de la plus suave vertu et de la morale la plus sévère, sans jamais atteindre au pédantisme, de même que sa religion était empreinte de douceur et de tolérance. Aussi le caractère de Blanche recélait des trésors de candeur et de pureté, par-dessus lesquels trônait une douceur angélique et une bonté à toute épreuve.

Les instincts généreux enfouis au fond de son cœur, avaient été habilement cultivés par son père, qui avait vu grandir et se développer sous ses yeux cette fleur de jeunesse qui lui rappelait le temps heureux qu'il avait passé avec sa femme. Du reste, il avait été admirablement récompensé des soins qu'il s'était donnés. Blanche professait pour son père le plus absolu dévouement et la tendresse la plus exquise, comme il avait pour elle un amour sans bornes, et qui ne savait rien lui refuser.

La faiblesse de M. de Kerlédé vis-à-vis de Blanche était toute naturelle ; il n'avait jamais eu l'occasion d'exercer son autorité envers elle ; il avait toujours trouvé une fille soumise, aimante et dévouée, il l'en récompensait comme il pouvait, en ne lui refusant rien de ce qu'elle paraissait désirer. Or, on sait combien sont faciles à contenter les jeunes désirs d'une fille de dix-sept ans.

Blanche n'était pas exigeante, et c'était bien le moins que son père la dédommageât par quelques présents insignifiants de l'isolement dans lequel elle vivait ; ses distractions n'étaient pas fort variées, et se résumaient en quelques promenades en compagnie de Marthe qui dépassaient même rarement l'enceinte des murs du parc.

Cependant mademoiselle de Kerlédé était parfaitement connue dans les environs, et les paysans la saluaient lorsqu'ils la voyaient passer, avec un respect inspiré autant par sa dignité que par la bonté bien connue de son cœur.

Durant les rudes hivers qui sévissent en Bretagne, par ces bises glaciales qui soufflent violemment sur les côtes, plus d'une chaumière avait conservé le souvenir de la générosité de la bonne demoiselle. Tantôt c'était du bois, tantôt du linge, tantôt de chaudes couvertures qu'elle apportait.

Lorsqu'un père de famille disparaissait englouti dans une tempête, Blanche était la première à venir consoler la veuve, à la soutenir d'abord à l'aide de quelques écus adroitement glissés; puis elle distribuait des vêtements aux petits orphelins, et toujours avec tant de tact et de bienveillance, que l'âme la plus fière n'aurait pas pu refuser une aumône présentée avec tant de délicatesse. On aurait pu croire que ceux qui l'acceptaient l'obligeaient plus qu'ils ne devaient se sentir obligés envers elle.

Ses promenades ne furent donc jamais qu'une longue moisson de témoignages respectueux : chacun s'inclinait devant elle, et lorsqu'on la voyait passer, on se poussait du coude en disant tout bas : Voilà la bonne demoiselle !

# XVI

## L'orage.

Dans les rares excursions que Blanche risquait aux environs du château, elle était presque toujours à pied, et se dirigeait le plus souvent aux bords de la mer. Là, il lui arrivait parfois de rester de longues heures assise à contempler la chaîne sans fin des

anneaux qui venaient se dérouler à ses pieds
en vagues écumantes.

Lorsque le vent soufflait et remuait jusqu'au fond de ses entrailles la plaine liquide,
elle écoutait avec un plaisir sauvage les sif-
flements de la bise, elle fixait les yeux sur
l'horizon comme si elle se fût attendu à voir
surgir tout à coup une apparition surnatu-
relle ; elle s'abandonnait sans réserve à sa
rêverie, comme si le spectacle qu'elle avait
sous les yeux eût eu pour elle tout l'attrait
de l'inconnu. C'est qu'il y a dans ce tableau
de la mer bouleversée par l'orage, gonflée
par la fureur du vent, dont les vagues se
dressent menaçantes et retombent en bouil-
lonnant dans un abîme toujours ouvert, un
charme indéfinissable devant lequel l'homme

se recueille et s'humilie involontairement,
comme devant tous les grands mystères de
la création.

Sa contemplation était rarement troublée ;
Marthe qui connaissait les goûts de sa jeune
maitresse, se tenait respectueusement à distance, sans chercher à rompre le silence
dans lequel Blanche s'enveloppait, ou si sa
voix se faisait entendre, c'était pour rappeler à la jeune fille que l'heure s'avançait,
et qu'il était temps de rentrer au château
pour ne pas causer de tourments à **M.** de
Kerlédé.

D'autres fois elle se plaisait à courir le
long de la grève, à grimper de rochers en
rochers, à fouler de son petit pied mutin le

sable uni de la côte, et à courir comme une
chèvre dans les sentiers dangereux et à
peine tracés qui serpentaient le long des falaises. Dans ce cas, Marthe se tenait pru-
demment sur l'extrémité de la falaise, sur-
veillant d'un œil inquiet les mouvements
capricieux de la jeune vagabonde, et tremblant, sans oser le dire, qu'elle ne glissât et
ne fît une chute périlleuse.

Parfois la pluie venait surprendre Blanche au milieu de ces expéditions. Elle était
alors obligée de chercher un refuge où elle
le pouvait, et c'était le plus souvent sous un
énorme quartier de roche qu'un boulever-
sement antérieur avait laissé debout, sou-
tenu par un miracle d'équilibre.

On prétend que les femmes sont filles d'Ève et que la curiosité parle chez elle plus haut que la peur. Je ne voudrais pas médire de la plus belle moitié du genre humain, mais je suis forcé de reconnaître que cela est profondément vrai.

Blanche s'était avisée un jour, sans en avoir prévenu personne, de vouloir pénétrer dans le Trou des sorciers. En vain Marthe, beaucoup plus prudente, et dont l'esprit superstitieux avait conservé toutes ses traditions d'enfance, avait-elle essayé de lui représenter combien il était dangereux de tenter le démon ; Blanche n'avait répondu que par un signe de tête récalcitrant à l'observation de sa chère gouvernante, et lui avait ri au nez en dépit de la mine sérieuse et effrayée de cette bonne Marthe.

Elle avait pénétré dans cet antre mystérieux à l'entrée duquel Marthe se signait dévotement, et elle s'était avancée de quelques pas dans ce ténébreux endroit, mais la nuit se fit si profonde autour d'elle qu'elle ne put pas découvrir d'issue pour continuer son excursion. Enfin après quelques instants de recherches, elle aperçut un trou de la grosseur d'un homme à peu près, mais elle n'osa pas se risquer à s'y glisser et sortit certainement avec plus de précipitation qu'elle n'en avait mise à y entrer, en proie à une panique involontaire.

Marthe l'avait grondée bien fort de cette escapade, lui avait juré de la révéler à son père, mais à dix pas de là, les caresses de Blanche avaient dissipé sa colère, et elle oublia complètement le serment qu'elle avait fait d'en parler à M. de Kerlédé.

Dans son for intérieur, la bonne demoiselle se regardait comme une héroïne, puisqu'elle avait osé faire ce qu'aucune jeune fille n'aurait tenté.

Un jour que Blanche avait été surprise par un orage aux bords de la mer, elle avisa, au fond de la baie de Porcé, cette ravissante maisonnette si bien cachée qu'elle n'en avait jamais soupçonné l'existence, bien qu'elle se trouvât tout près du château. Aussi, dès qu'elle l'aperçut formula-t-elle le désir d'y entrer.

— Cette fois, — dit Marthe, — vous avez raison, car à moins de nous faire mouiller jusqu'aux os, nous n'avons pas d'autre abri sous la main.

— Qui demeure là ?

— Rassurez-vous, mademoiselle, je connais Pierre Mahé depuis vingt-deux ans, et je puis vous affirmer qu'il n'y a pas de meilleure âme sous la calotte des cieux.

— Tu traites bien tes amis ! — dit Blanche en riant.

— Dame ! voilà comme je suis.

— Dépêchons-nous, — dit Blanche en courant et en se dirigeant vers la maison.

Marthe se lança à la même allure, ouvrit lestement la grille d'entrée, et escortée de Blanche, se précipita comme un ouragan dans la grande salle de la maison.

Pierre Mahé et sa femme qui connaissaient parfaitement Marthe, devinèrent avec qui elle était, bien que la bonne demoiselle fût enveloppée d'une mante qui cachait ses traits; ils se levèrent donc, s'empressèrent d'avancer des siéges et de faire place aux nouveaux arrivants.

Marthe était enchantée du contre-temps qui l'avait amenée là, et Blanche était enchantée de son côté de se trouver dans un endroit qu'elle ne connaissait pas.

Elle laissa retomber sur ses épaules sa mante légèrement mouillée et découvrit son frais visage. Avant de s'asseoir, elle allait s'excuser de l'irruption un peu vive qu'elle venait de faire au sein de cet intérieur tranquille, mais Marthe ne lui en laissa pas le temps, et jugea que c'était à elle qu'il appartenait de faire les honneurs d'une maison dans laquelle elle était si bien connue.

— Mes amis, — dit-elle en s'adressant à Pierre et à Marianne, — j'ai pris sur moi de vous amener notre jeune demoiselle, pour nous mettre à l'abri de l'orage qui menaçait de nous surprendre.

— Soyez les bienvenues, — répondit Mahé.

— Du reste, — dit Blanche, — nous n'abuserons pas de votre hospitalité, car voici le temps qui s'éclaircit.

— Ne vous y fiez pas, mademoiselle, le grain que vous venez d'essuyer n'est que le précurseur d'un orage plus violent; je m'y connais, je vous le garantis.

— Oh ! nous aurons le temps d'arriver au château, nous en sommes si près !

— Je crains bien que non, mademoiselle.

— Nous allons toujours l'essayer, — dit
elle en se levant et se disposant à partir.

Au même instant, les cataractes du ciel
s'ouvrirent avec fracas et firent pleuvoir un
déluge d'eau. Il semblait que tous les réser-
voirs célestes eussent été mis à contribu-
tion.

— Vous voyez, — dit Marianne, — que
Pierre avait raison. Asseyez-vous donc,
mademoiselle, et patientez.

Pierre disparut pendant deux minutes, et

revint couvert d'une peau de bique, et les jambes enfoncées dans d'énormes bottes de mer qui montaient jusqu'en haut de la cuisse.

— Où vas-tu? — demanda Marianne.

— A la recherche de Raoul. Vous m'excusez, n'est-ce pas, mademoiselle? — continua Pierre en s'inclinant respectueusement.

— N'êtes-vous pas chez vous! — répondit Blanche en souriant.

Pierre Mahé disparut aussitôt malgré la pluie torrentielle qui tombait audehors.

Marianne voulut absolument offrir quel-

que chose à la bonne demoiselle qui ne con-
sentit à accepter qu'un peu de lait.

Elle prenait ce modeste repas, lorsque arrivèrent Pierre et Raoul, ruisselants comme
deux fleuves.

Pendant qu'ils étaient allés se changer,
Blanche examinait curieusement autour
d'elle les objets qui se trouvaient à sa por-
tée. Outre que son étonnement fut grand de
voir qu'on lui avait donné une cuillère d'argent, l'intérieur de cette maison respirait un
tel bien-être et une si grande propreté,
qu'elle se sentit mordue au cœur par un ar-
dent désir de savoir chez qui elle se trouvait, et qu'elle se promit bien de faire jaser

Marthe, qui ne lui avait jamais parlé de ces amis qu'elle avait à deux pas.

Bientôt Pierre et son fils pénétrèrent dans la salle, et prirent place autour du feu qui pétillait dans l'âtre de la cheminée.

— Où as-tu rencontré Raoul? — demanda Marianne à son mari.

— Je l'ai aperçu sur le haut des falaises, il rentrait.

— J'avais vu venir l'orage, — dit Raoul, — mais j'avais pensé être plus leste que lui. Je me suis trompé, et vous avez vu ce qu'il m'en a coûté, j'en ai été quitte pour changer de vêtement. Seulement, je me demande pourquoi mon père s'est avisé de venir à ma rencontre, de façon qu'il ne m'a pas empêché d'être trempé et qu'il s'est mouillé lui-même.

— Tu ne m'en voudras pas, je pense, — répondit Pierre, — d'être inquiet de toi dans ces bouleversements de la nature, n'es-tu pas mon seul enfant?

— Vous avez raison, père, je ne suis en effet qu'un grand enfant qui ne comprend pas que vous l'aimez trop.

Puis se retournant vers Blanche.

— Je vous demande pardon, mademoiselle, — continua Raoul, — de vous faire assister à ces petites scènes de famille, mais c'est une vieille querelle qui se renouvelle chaque jour. Mon père et ma mère me croient toujours fort délicat, ils ont peur que je ne me rende malade.

— C'est une chose trop sacrée que l'amour filial, pour que j'en empêche les tendres épanchements, et pour que vous ayez à vous excuser de vous y être livré en ma présence.

— Tout le monde sait combien vous êtes bonne et indulgente.

Blanche s'inclina en rougissant légèrement, et changea brusquement de conversation.

— J'ignorais, — dit-elle en s'adressant à Pierre Mahé, — que vous fussiez d'anciennes connaissances, vous et cette bonne Marthe, et je lui reprocherais presque de ne me l'avoir pas dit plus tôt.

— C'est que les souvenirs qui se rattachent à cette liaison sont cruels, — dit mélancoliquement Pierre Mahé, — j'étais au service du chevalier d'Escoublac, lorsque Marthe était chez la vicomtesse de Douges.

— Ce chevalier d'Escoublac dont vous

parlez n'a-t-il pas été lâchement assas-
siné?

— Hélas! oui, mademoiselle!

— Par qui donc?

— On l'ignore encore, — répondit Mahé
avec une certaine hésitation suivie d'un
soupir.

— Je suis vraiment malheureuse, mes amis
— dit Blanche. — La première fois que
j'entre chez vous, j'évoque de bien tristes
souvenirs, mais c'est à ma seule ignorance
qu'il faut vous en prendre.

— J'en suis bien convaincu, mademoiselle, et c'est moi qui suis un sot de m'attrister ainsi au souvenir d'un événement aussi ancien et presque entièrement oublié.

— Cela prouve en faveur de votre attachement pour le chevalier, mon ami !

— C'est en effet, — répondit Raoul, — l'occasion du seul nuage que j'aie jamais vu sur le front de mon père.

Blanche sentit qu'il était temps de rompre la contrainte qui pesait autour d'elle, et prit congé de ses hôtes.

— Je reviendrai vous voir si vous le permettez, — dit-elle, — je ne serai pas toujours un oiseau de mauvais augure.

— Vous êtes ici chez vous, ma bonne demoiselle, — répondit Pierre Mahé. — Trop heureux sont ceux à la porte de qui vous venez frapper, car nul n'ignore autour de vous que vous êtes le messager du bonheur !

Blanche se retira confuse du charmant accueil qu'elle avait reçu, et se fit donner, chemin faisant, tous les détails qu'elle put tirer de Marthe sur un événement qu'elle ne connaissait que superficiellement

Outre qu'elle avait été étonnée du bien-

être de cette famille, elle ne l'était pas
moins de l'aisance et du bon ton qui ré-
gnaient parmi les habitants de la maison. Là
où elle s'attendait à ne rencontrer que d'hon-
nêtes paysans, elle s'était trouvée jetée dans
un monde tellement au-dessus de la sphère
qu'elle supposait, qu'elle voulut absolument
croire à un mystère, tant elle avait été frappée du langage et des manières de la famille
Mahé.

On supposera sans peine que Marthe ne
se fit pas prier pour mettre sa jeune maîtresse au courant de tout ce qu'elle désirait
savoir, et qu'elle trouva habilement le moyen
de décocher quelques méchancetés à l'endroit du vicomte qu'elle ne pouvait pas sentir. Enfin, sans avoir formulé la moindre

accusation, elle fit comprendre à Blanche que le vicomte de Douges avait passé tout bas pour n'être pas étranger à la mort prématurée du chevalier d'Escoublac.

FIN DU SEPTIÈME VOLUME.

# TABLE

## DU SEPTIÈME VOLUME.




Sceaux, imprimerie de E. Dépée.

TABLE